Inhaltsverzeichnis

Einleitung

Hallo, zunächst möchte ich mich bei Ihnen für den Kauf dieses Buches bedanken. Ich werde Ihnen in diesem Buch die Vorzüge und den Nutzen, den Sie mit diesem **Campingbackofen-Kochbuch** haben zugutekommen lassen.

Vielleicht ist es die frische Luft, die holzigen Düfte oder die Geräusche von Vögeln, rauschenden Bächen und Blättern im Wind. Was auch immer es ist, Essen, das im Freien gekocht und gegessen wird, ist einfach überaus köstlich und abwechslungsreich.

Dieses Campingbackofen-Kochbuch ist voll von köstlichen, leicht zuzubereitenden Rezepten vom Frühstück bis zum Dessert! Mit **über 100+ Rezepten** zur Auswahl finden Sie in diesem Kochbuch bestimmt das, wonach Sie suchen.

Ja, mit einem Campingbackofen (Omnia) ist es möglich, mit Ober- und Unterhitze auf dem Herd zu backen, wenn man keinen Backofen hat. Mit dem Omnia kann man so ziemlich alles zubereiten, was man auch in einem normalen Ofen garen oder überbacken würde. Darunter fallen z.B. Aufläufe, Kuchen, Muffins, Brote uvm.

Also so ziemlich alles was auch in einem normalen Haushaltbackofen gebacken werden kann.

Mit diesen Eigenschaften hat sich der Omnia als Campingbackofen schnell weit verbreitet. Ganz egal ob im Wohnmobil oder bei jeder Art von Camping, einen frisch duftenden Kirschkuchen zum Kaffeeklatsch und abends eine leckere Lasagne aus dem Ofen, hört sich einfach super an.

Die aufgeführten Rezepte werden Ihnen gute Anhaltspunkte geben!

Nun wünsche ich Ihnen viel Spaß beim Lesen und natürlich beim Nachkochen!

Zubereitungsarten

Backen: Brote, Muffins, Scones, Lasagnen und vieles mehr. Nahezu alles, was Sie in einem Haushaltsbackofen backen können, können Sie auch mit einem Omnia-Ofen backen.

Dämpfen: Mit dem mitgelieferten Omnia-Backofenrost können Sie Gemüse, Schalentiere oder Knödel dämpfen.

Schmoren: Auf einem Zweiflammenherd können Sie Fleisch in einer gusseisernen Pfanne anbraten und es dann in den Omnia-Ofen schieben, um es langsam zu schmoren. Geben Sie etwas Gemüse, Flüssigkeit (z. B. Brühe, Soße usw.) und Kräuter hinzu und garen Sie das Fleisch langsam.

Aufbau

Der Omnia besteht aus drei separaten Teilen: Unterteil, Korpus und Deckel, die zusammenarbeiten, um die Hitze eines einzigen Herdbrenners gleichmäßig zu verteilen.

Sockel (Edelstahl): Der Sockel ist ein geformter Metallring mit einem Loch in der Mitte und wird über den Brenner gelegt.

Gehäuse (Aluminium): Das Gehäuse hat die Form einer Gugelhupfform, mit einer zentralen Luftsäule in der Mitte. Der Korpus liegt auf dem Boden auf, aber nur der äußere Rand des Korpus kommt direkt mit dem Boden in Berührung. Darunter befindet sich ein Luftspalt, der die Hitze gleichmäßig verteilt und ein Anbrennen verhindert.

Deckel (Aluminium): Der gewölbte Deckel sitzt auf dem Korpus und fängt die heiße Luft ein, die vom Brenner durch die zentrale Luftsäule aufsteigt.

Funktionsweise

Der Omnia ist sehr platzsparend und wiegt in der Grundausstattung gerade mal ein halbes Kilo!

Der Boden und das Gehäuse funktionieren ähnlich wie ein Multikocher. Der Gaskocher heizt den Boden direkt auf, wodurch der Luftspalt zwischen Boden und Korpus erwärmt wird. Dieser Luftspalt gibt dann sanfte, indirekte Wärme an den Boden des Körpers ab.

Die Wärme des Gaskochers wandert auch direkt nach oben, durch den Boden und den Korpus über die zentrale Luftsäule, und wird vom Deckel aufgefangen. Kleine Entlüftungsöffnungen an der Seite des Deckels leiten die Wärme nach unten über die Speisen, bevor sie entweichen kann.

Das Ergebnis ist, dass der Korpus sowohl von unten als auch von oben indirekt beheizt wird, was den Bedingungen in einem typischen Haushaltsofen entspricht. Die Speisen im Inneren des Behälters werden gleichmäßig von allen Seiten erhitzt.

Reinigung

Hier finden Sie jetzt noch ein paar Tipps was sie bei der Reinigung beachten sollten:

- Vermeiden Sie unbedingt Spülmaschinentabs. Chemische Reaktionen durch diese Tabs könnten vorprogrammiert sein und könnten das Aluminium des Omnia verfärben.
- Zu langes Einweichen bitte vermeiden. Warum? Auch hier könnte das Aluminium mit Verfärbungen reagieren.
- Versuchen Sie Verkrustungen ganz einfach mit etwas kaltem Wasser einzuweichen.
- Verwenden sie weiche Schwämme. Vermeiden Sie außerdem Schwämme die Topfkratzer verursachen könnten oder andere, kratzende Sachen, die Beschichtung ihres Omnia's wird es Ihnen danken.
- Wenn es um die Silikonform geht, gilt das gleiche. Sie können einen weichen Schwamm und kaltes Wasser für die Reinigung verwenden. Sollten sich jedoch Gerüche festgesetzt haben, nehmen Sie Natron und heißes Wasser zum einweichen.

Hinweis:

Es ist wichtig zu beachten das du dir im Klaren sein solltest, dass der Omnia nicht so bleibt, wie er mal war. Natürlich bekommt man ihn sauber, aber er wird eine gewisse „Patina“ annehmen. Das ist nicht schlimm – außer, wenn bei Dir alles blitzen und blinken muss, wie an dem Tag, als Du es aus der Verpackung geholt hast. Dann schon.

Der Omnia Backofen wird strahlend glänzen wenn Du ihn bekommst. Das kann sich leider im Gebrauchsverlauf ändern.

Zubehör

Es gibt einige zusätzliche Zubehörteile, die Sie erwerben können, um die Funktionalität und Vielseitigkeit des Omnia zu erweitern.

Silikonform: Diese Silikonform ist besonders hitzebeständig und macht die Reinigung (wie oben erwähnt) zum Kinderspiel.

Muffinring: Mit dieser Silikonform können Sie bis zu 6 Muffins auf einmal backen. Alternativ können Sie auch Muffinförmchen aus Silikon verwenden.

Backgitter: Dieses Gitter ist hilfreich, um z. B. Brötchen aufzubacken, und kann auch als Dampfgareinsatz verwendet werden.

Aufbewahrungsbeutel: Diese Aufbewahrungstasche ist zwar nützlich, aber nicht unbedingt erforderlich. Sie passt für den Omnia und sein gesamtes Zubehör und verhindert Kratzer und Dellen, wenn Sie ihn aufbewahren.

Thermometer: Gerade wenn man noch nicht viel Erfahrung mit dem Omnia Backofen hat, kann einem die Messung der Temperatur im Inneren den gesamten Kochvorgang erleichtern. Zudem eignen sich für die Temperaturüberwachung auch sogenannte Deckelthermometer.

Hitzebeständige Handschuhe: Wie Sie vielleicht erwarten, wird der Omnia-Ofen ziemlich heiß. Der Griff an der Oberseite des Deckels ermöglicht es Ihnen, ihn relativ leicht zu öffnen, aber wenn Sie seine Position über dem Gaskocher anpassen müssen, werden Sie dazu hitzebeständige Handschuhe benötigen.

Hinweise / Tipps und Tricks

- Es ist wichtig, die Bodenplatte etwa 3 Minuten lang bei starker Hitze vorzuheizen, bevor man den Omnia darauf stellt.
- Man kann sie auf fast allen Herdarten verwenden, außer auf einem Induktionsherd. Selbst mit einer Induktionsplatte sind die Ergebnisse auf einem Induktionsherd nicht so gut.
- Schlechte Ergebnisse sind meist darauf zurückzuführen, dass die Hitze zu weit heruntergedreht wurde. Wir alle haben Angst vor verbranntem Essen, aber die Hitze muss heiß genug sein, um das Essen zu backen. Das gilt besonders für Lebensmittel, die außen eine "Kruste" haben sollen.
- Fetten Sie den Omnia vor dem Gebrauch am besten mit ein wenig Butter ein.
- Bei Lebensmitteln, die aufgehen - Brote, Kuchen usw. - sollte der Omnia nicht mehr als halb voll sein. Auch nach dem Aufgehen muss noch genügend Luft über dem Essen sein, damit es richtig backen kann.
- Messer und Metallspachtel zerkratzen den Omnia. Schneiden und servieren Sie Backwaren nach Möglichkeit mit einem Spachtel aus Nylon oder Silikon.
- Wenn die Temperatur richtig eingestellt ist, sollte die Backzeit in etwa die gleiche sein wie in einem herkömmlichen Ofen.
- Brote und Kuchen werden beim Backen leicht braun, aber nicht so stark wie in einem herkömmlichen Ofen.
- Versuchen Sie nicht, ohne den Deckel zu backen - er wird benötigt, damit die heiße Luft über das Backgut strömen kann, und die Löcher sind notwendig, damit der Dampf (die Feuchtigkeit, die dem Backgut beim Backen entzogen wird) entweichen kann.

Gute Ergebnisse erzielen

So erzielen Sie die besten Ergebnisse beim Kochen mit einem Omnia

Finden Sie die richtige Heizstufe

Beim Kochen mit einem LPG-Gasherd sollten Sie diesen eher auf eine niedrige Stufe einstellen, wenn sie den Omnia verwenden. Wenn Ihr Kochfeld weniger leistungsstark ist, müssen Sie möglicherweise mit den Einstellungen experimentieren, um die besten Ergebnisse zu erzielen. Es mag zwar eine gute Idee sein, die Hitze zu erhöhen, um den Garprozess zu beschleunigen, aber das kann dazu führen, dass der Boden verbrennt und die Oberseite nicht gar wird.

Vorheizen auf Elektrokochfeldern oder für schnelles Garen

Sie können den Omnia für schnelle Dinge wie das Rösten von Nüssen oder das Aufwärmen von Brot verwenden. In diesen Fällen ist es am besten, den Ofen vorzuheizen, indem Sie den Omnia-Boden 5-10 Minuten vor dem Garen aufheizen. Das Vorheizen wird empfohlen, wenn Sie ein Rezept zubereiten, das weniger als 20 Minuten dauert. Wenn Sie auf einem Elektroherd kochen, sollten Sie den Boden unabhängig von der Garzeit immer vorheizen.

Versuchen Sie, den Deckel während des Kochens so wenig wie möglich anzuheben

Es ist sehr verlockend, einen Blick auf das zu werfen, was Sie in Ihrem Omnia-Backofen garen - aber Sie sollten versuchen, dem zu widerstehen. Genau wie beim Öffnen der Backofentür während des Garvorgangs entweicht durch das Anheben des Deckels Wärme und kann dazu führen, dass Kuchen oder Brot nicht richtig aufgehen.

Verwenden Sie eine Silikonform für Kuchen und Gebäck

Es ist zwar nicht unbedingt notwendig, aber die Verwendung einer Silikonform macht das Backen mit dem Omnia sehr viel einfacher. Sie ist besonders nützlich beim Backen von Kuchen und Torten, die man in einem Stück herausnehmen möchte.

Etwas mehr Zeit einplanen

Sie können mit dem Omnia durchaus ein normales Ofenrezept nachkochen, aber Sie sollten mit etwas längeren Garzeiten rechnen. Manchmal kann ein 30-Minuten-Rezept im Omnia 40-45 Minuten dauern - aber das hängt wirklich davon ab, was Sie zubereiten wollen.

<u>Lebensmittel, die im Omnia besonders gut garen</u>

- Bratkartoffeln, Pizzen und Brot
- Kuchen und Torten
- Lasagne / Nudelauflauf
- Gebratenes Gemüse

<u>Dinge, die im Omnia nicht wirklich funktionieren</u>

- Tiefkühlpizzen / andere Dinge, die zu groß sind

<u>Hitze-Tabelle</u>

Hohe Hitze: 230 – 340°C

Mittlere bis Hohe Hitze: Ca. 200°C

Mittlere Hitze: 160 – 175°C

Niedrige bis mittlere Hitze: 150°C

Niedrige Hitze: 110 – 120°C

REZEPTE

FRÜHSTÜCK

Zimthirse mit Bananen

Vorbereitungszeit: 10 Minuten | **Kochzeit/Herstellung:** ca. 10 Minuten | **Portionen:** 2

Zutaten:

- 150 g Hirse
- 600 ml Weiden- oder Pflanzenmilch
- 2 Prisen Meersalz
- 2 EL Honig
- 1/2 Teelöffel Zimt
- 2 EL gemahlene Mandeln (oder beliebige Nüsse)
- 2 Bananen (in Scheiben geschnitten)

Zubereitung:

1. Bringen Sie die Milch unter ständigem Rühren in Ihrem Campingbackofen zum Kochen. Die Hirse zugeben und ca. 20 Minuten köcheln lassen.

2. 2 Prisen Salz, Honig und Zimt zugeben und weitere Minuten ziehen lassen. Mit den Bananen servieren und mit den gemahlenen Mandeln garnieren.

Quinoa Erdnuss Bowl

Vorbereitungszeit: 10 Minuten | **Kochzeit/Herstellung:** ca. 10 Minuten | **Portionen:** 2

Zutaten:

- 90 g Quinoa (gewaschen)
- 500 ml Sojamilch (alternativ Weiden-, Mandel- oder Hafermilch)
- 1/2 Teelöffel Vanilleextrakt
- 1/2 Teelöffel Zimt
- 1 Teelöffel Honig
- 1 Prise Salz

Topping:

- 2 EL Erdnussbutter (Cashew- oder Mandelbutter)
- 1 EL Hanfsamen
- Eine Prise Zimt und ein wenig Honig

Zubereitung:

1. Geben Sie die Quinoa, die Milch, den Zimt, den Vanilleextrakt und eine Prise Salz in Ihren Campingbackofen und erhitzen Sie diesen.

2. Sobald es kocht, abdecken und auf niedriger Stufe köcheln lassen. Gelegentlich umrühren. Der Brei sollte die Konsistenz von Haferflockenbrei annehmen.

3. Von dem Gaskocher nehmen, den Honig hinzufügen und etwas abkühlen lassen. Der Brei dickt beim Abkühlen ein und sollte eine cremige Konsistenz bekommen.

4. Für das Topping alle Zutaten gut miteinander verrühren und den Brei damit garnieren.

Aprikosen Oats

Vorbereitungszeit:	Kochzeit/Herstellung:	Portionen:
10 Minuten	ca. 10 Minuten	2

Zutaten:

- 100 g Haferkleie
- 350 ml Wasser
- 6 getrocknete Aprikosen (gehackt)
- 1/2 Teelöffel Zimt
- 1 Prise Salz
- 1 Esslöffel Ahornsirup zum Garnieren

Zubereitung:

1. Bringen Sie die Haferkleie, das Wasser, die Aprikosen, den Zimt und eine Prise Salz in Ihrem Campingbackofen (Omnia) bei mittlerer Hitze zum Kochen.

2. Bei niedriger Hitze und geschlossenem Deckel köcheln lassen, bis die Flüssigkeit aufgesogen ist und die Haferflocken weich sind.

3. Mit Ahornsirup garnieren.

Haferkleie und Bananenbrei

Vorbereitungszeit:	Kochzeit/Herstellung:	Portionen:
15 Minuten	ca. 10 Minuten	2

Zutaten:

- 1 Banane
- 85 g Haferkleie, zerkleinert
- 160 ml Wasser oder Pflanzenmilch
- 1 Teelöffel Honig
- 1 Teelöffel Chiasamen

Optional:

- Pinienkerne oder Mandeln für das Topping

Zubereitung:

1. Zuerst Banane, Haferkleie, Chiasamen, Wasser oder Pflanzenmilch und eine Prise Salz in Ihrem Campingbackofen (Omnia) langsam erhitzen und unter ständigem Rühren zum Kochen bringen.

2. Etwa 2 Minuten köcheln lassen.

3. Vom Gaskocher nehmen, etwas abkühlen lassen und ggf. Honig hinzugeben.

4. Optional die Mandeln oder Pinienkerne als Topping hinzufügen.

Rührei

Vorbereitungszeit:	Kochzeit/Herstellung:	Portionen:
10 Minuten	ca. 10 Minuten	2

Zutaten:

- 4 Eier
- 1 kleine Zwiebel
- 3 Brokkoliröschen (fein gehackt)
- 1 Tomate (gehackt)
- 60 g Blattspinat
- 1 Teelöffel Olivenöl
- 4 Scheiben Vollkorntoast
- 1 reife Avocado (in Scheiben geschnitten)

Zubereitung:

1. Zwiebeln, Tomaten und Brokkoli im Olivenöl in Ihrem Campingbackofen (Omnia) anbraten, nach etwa 5 Minuten den Blattspinat dazugeben.

2. Wenn die Zwiebeln glasig sind und der Brokkoli geröstet ist, fügen Sie die Eier hinzu.

3. Servieren Sie das Rührei mit Toast und Avocadospalten.

Frühstückssuppe

Vorbereitungszeit:	Kochzeit/Herstellung:	Portionen:
10 Minuten	ca. 15 Minuten	2

Zutaten:

- 5-6 EL Haferkleie
- 1 Karotte
- 500ml Gemüsebrühe (alternativ Wasser)
- Ein Stück Ingwer (daumendick)
- 2 EL Petersilie (fein gehackt)
- 1 EL Butter

Zubereitung:

1. Butter in ihrem Campingbackofen (Omnia) erhitzen, Zwiebeln anbraten.

2. Haferkleie dazugeben und kurz anrösten.

3. Den Ingwer hacken und dazugeben. Dann mit der Brühe oder dem Wasser ablöschen und ca. 5 Minuten leicht köcheln lassen.

4. Die Karotte klein schneiden, dazugeben, den Ofen vom Herd nehmen und mit etwas Petersilie verfeinern.

Anchovis-Schmankerl

Vorbereitungszeit:	Kochzeit/Herstellung:	Portionen:
10 Minuten	ca. 30 Minuten	1 - 2

Zutaten:

- 1 Zwiebel (gelb)
- Ca. 250 g Kartoffeln (gekocht)
- 100 ml Sahne
- ½ kleine Dose Anchovisfilets vorzugsweise mit Flüssigkeit
  (125 g)
- ½ EL Semmelbrösel
- 1 EL Butter

Zubereitung:

1. Zunächst schälen Sie die Zwiebeln in Scheiben und dünsten diese in einer Pfanne an. Danach auch die Kartoffeln schälen und in Scheiben (Stifte) schneiden.

2. Nun können Sie die Omnia Form etwas einfetten und die vorbereiteten Zutaten nach der Reihe schichten (Kartoffeln, Zwiebeln, Anchovis).

3. Die Sahne und den Saft der Anchovis darüber verteilen sowie mit Semmelbrösel bestreuen. Anschließend die Butter darüber geben.

4. Jetzt können Sie alles bei mittlerer Hitze für ungefähr 20 – 30 Minuten backen, bis alles schön knusprig braun ist. Die Kartoffeln sollten dabei schön weich sein.

5. Zuletzt vom Herd nehmen und für ca. 10 Minuten durchziehen lassen. Servieren.

Einfaches Oatmeal

Vorbereitungszeit:	Kochzeit/Herstellung:	Portionen:
10 Minuten	ca. 15 Minuten	1 - 2

Zutaten:

- 160 g Haferflocken
- 1 - 2 Bananen
- 2 Birne
- 4 Kiwis
- 4 EL gehackte Zitronenmelisse
- 4 EL Honig
- 800 ml Mandelmilch
- 80 g Blaubeeren
- 2 Pck.Vanillezucker
- Optional: Zimt

Zubereitung:

1. Als erstes Honig, Vanillezucker, Haferflocken und Milch in die vorbereitete Omnia Form geben und für ca. 5 Minuten bei mittlerer Hitze kochen lassen.

2. Nun würfeln/zerkleinern Sie die Bananen, Birnen, und die Kiwis und rühren diese vorsichtig in ihre Form.

3. Zuletzt die Zitronenmelisse und die Blaubeeren hinzufügen. Nochmal alles gut verteilen und nach Wunsch mit etwas Zimt abschmecken.

4. Das Oatmeal etwa 10 Minuten auskühlen lassen.

Möhren-Muffins

Vorbereitungszeit:	Kochzeit/Herstellung:	Portionen:
10 Minuten	ca. 25 Minuten	2

Zutaten:

- 200 g Mehl
- 100 g Käse, gerieben (nach Wahl)
- 2 Zucchinis (mittelgroß)
- 2 Eier
- 2 Karotten
- 2 TL Salz
- 2 TL Backpulver
- Etwas Pfeffer
- Muffinförmchen (zum Backen)

Zubereitung:

1. Zunächst bereiten Sie alle Zutaten vor.

2. Anschließend waschen Sie die Zucchinis und die Karotten und raspeln die Karotte in einer Kastenreibe. Würzen Sie anschließend mit den Gewürzen (Salz & Pfeffer).

3. Im Anschluss Mehl, Ei, Käse sowie Backpulver in Kombination zusammen vermischen und den daraus entstandenen Teig in die einzelnen Muffinförmchen geben.

4. Backen Sie für ca. 3-5 Minuten auf hoher und ca. 15-20 Minuten auf niedriger Hitze. Lassen Sie danach die Muffins abkühlen bevor Sie sie servieren.

Meerrettich Lachs mit Ei

Vorbereitungszeit:	Kochzeit/Herstellung:	Portionen:
10 Minuten	ca. 10 Minuten	1 - 2

Zutaten:

- 400 g geräucherter Lachs
- 8 Eier
- Etwas Pfeffer
- 10 g Butter
- 4 TL Dill
- 1 Messerspitze Meerrettich
- Salz

Zubereitung:

1. Zunächst bereiten Sie alle Zutaten vor welche sie benötigen und vermischen im Anschluss die folgenden Zutaten: Eier, Meerrettich, Salz und Pfeffer sowie Dill.

2. Erhitzen Sie nun Ihren Campingbackofen (Omina) auf hohe Hitze und geben die vorgefertigte Eimasse in Ihre Omnia Form.

3. Nun können Sie den Lachs in feine Streifen schneiden während die Eier das stocken beginnen.

4. Zuletzt den Lachs untermischen und Servieren.

Zucchini Omelette

Vorbereitungszeit:	Kochzeit/Herstellung:	Portionen:
15 Minuten	ca. 10 - 15 Minuten	4

Zutaten:

- Olivenöl (2 Esslöffel)
- Zucchini (1, mittelgroß, entkernt, gewürfelt)
- Tomate (1/2 mittelgroß, entkernt, gewürfelt)
- Eier (4, groß)
- Milch (60 ml)
- Salz (1 Teelöffel)
- Englische Muffins (4, Vollkorn)

Zubereitung:

1. In Ihrem Campingbackofen (Omnia) Olivenöl bei mittlerer Hitze erhitzen. Zucchini und Tomate hinzufügen.

2. Gemüse 5-10 Minuten kochen oder bis es weich ist. In einer separaten Schüssel Eier, Milch und Salz verrühren.

3. Die Eimischung in den Campingbackofen geben und unter Rühren ca. 5 Minuten durchgaren.

4. Mit weißen englischen Muffins servieren.

Veggie Rührei

Vorbereitungszeit:	Kochzeit/Herstellung:	Portionen:
5 Minuten	-	1

Zutaten:

- Eier (2)
- Spinat (30 g)
- Tomate (1 mittelgroß)
- Gewürze Ihrer Wahl (nach Geschmack)

Zubereitung:

1. Mischen Sie Eier, Spinat und gehackte Tomate in einer separaten Schüssel. Sprühen Sie den Campingbackofen (Omnia) mit Kochspray ein und gießen Sie den Inhalt der Schüssel in die heiße Pfanne. Kochen Sie, bis die Eier nicht mehr flüssig sind.

Couscous mit Datteln

Vorbereitungszeit:	Kochzeit/Herstellung:	Portionen:
10 Minuten	ca. 10 Minuten	4

Zutaten:

- Wasser (120 ml)
- Putenbrühe (240 ml)
- Olivenöl (1 Esslöffel)
- getrocknete Datteln (ca. 85 g, gehackt)
- Couscous (ca. 165 g)
- Spinat (30 g, gehackt)
- Zitronensaft (1/2 Teelöffel)
- Salz (1/2 Teelöffel)

Zubereitung:

1. In einem Campingbackofen (Omnia) bei niedriger Hitze Wasser, Hühnerbrühe, Öl und Datteln zum Kochen bringen.
2. Vom Gaskocher nehmen und den Couscous einrühren.
3. Abdecken und 5-10 Minuten ziehen lassen. Spinat in den Couscous einrühren.
4. Zitronensaft und Salz zugeben und mit einer Gabel auflockern.
5. Servieren.

Vegetarisches Bohnen Curry

Vorbereitungszeit:	Kochzeit/Herstellung:	Portionen:
15 Minuten	ca. 15 - 20 Minuten	4

Zutaten:

- Pflanzenöl (2 Esslöffel)
- Zwiebel (1, in Scheiben geschnitten)
- Currypulver (2 Esslöffel, mild)
- Knoblauchpulver (1/2 Teelöffel)
- Ingwer (1/4 Teelöffel, gerieben)
- Tomaten (1 (425 g) Dose, entkernt und gewürfelt)
- Kichererbsen (2 (425 g) Dosen)
- Kartoffeln (280 g, ungeschält, gewürfelt)
- Karotten (90 g, in Scheiben geschnitten)
- Blumenkohlstücke (1 (450 g) Packung tiefgefroren)
- Erbsen (1 (280 g) Packung tiefgefroren)
- Wasser nach Bedarf Salz (1/4 TL)
- heißer brauner Reis (200-250 g, gekocht)

Zubereitung:

1. Erhitzen Sie das Öl bei mittlerer Hitze in Ihrem Campingbackofen (Omnia)
2. Zwiebeln anbraten, bis sie weich sind. Currypulver, Ingwer und Knoblauchpulver hinzufügen; 2 Minuten kochen.
3. Tomaten, Kichererbsen, Karotten und Kartoffeln zugeben und umrühren.
4. Blumenkohl zugeben, abdecken und die Hitze auf Köcheln reduzieren.
5. Etwas köcheln lassen, bis das Gemüse weich ist; bei Bedarf Wasser hinzufügen.
6. Erbsen und Salz einrühren; weitere 5 Minuten kochen.
7. Über heißem Reis servieren.

Penne Nudeln

Vorbereitungszeit:	Kochzeit/Herstellung:	Portionen:
10 Minuten	ca. 10 - 15 Minuten	2

Zutaten:

- Vollkorn-Penne (225 g)
- Salz (1 Esslöffel)
- Olivenöl (2 Esslöffel)
- Weiße Champignons (225 g, in Scheiben geschnitten)
- Spargel (225 g, gehackt, aufgetaut)
- Rote Paprika (225 g, entkernt und gehackt)
- Parmesankäse (ca. 20 g, gerieben)
- Frisches Basilikum (ca. 15 g, gehackt)

Zubereitung:

1. Bringen Sie in einem Topf Salzwasser zum Kochen. Fügen Sie die Nudeln hinzu und kochen Sie sie al dente oder folgen Sie den Anweisungen auf der Packung.

2. Während die Nudeln kochen, erhitzen Sie in Ihrem Campingbackofen (Omnia) das Olivenöl bei mittlerer Hitze. Fügen Sie die Pilze hinzu und braten Sie sie fünf Minuten lang.

3. Paprika und Spargel hinzugeben. Sautieren Sie 4 Minuten lang. Geben Sie die gekochten Nudeln in den Campingbackofen geben und fügen den Käse hinzufügen, rühren Sie, bis alles gut vermischt ist.

4. Die Mischung in eine Servierschüssel geben, mit Basilikum garnieren und servieren.

Kartoffeln au Gratin

Vorbereitungszeit:	Kochzeit/Herstellung:	Portionen:
5 Minuten	ca. 10 Minuten	ca. 2

Zutaten:

- 5- 8 gekochte Kartoffeln
- 300 g Crème fraîche
- 100 ml Wasser
- 1 Zwiebel
- 3 Knoblauchzehen
- schwarzer Pfeffer
- Salz
- geriebener Käse (optional)

Zubereitung:

1. Den Campingbackofen (Omnia) einfetten. Crème fraîche und Wasser mischen.

2. Die Kartoffeln in Scheiben schneiden. Genauso die Zwiebel und die Knoblauchzehen halbieren und in Scheiben schneiden.

3. Die Kartoffeln, die Zwiebel und den Knoblauch vorsichtig in der Crème fraîche mischen.

4. Mit Salz und Pfeffer abschmecken. Die Mischung in den Omnia geben.

5. Mit dem geriebenen Käse bestreuen. Mit dem Deckel und 2 Minuten bei niedriger Hitze backen.

Schafskäsekuchen

Vorbereitungszeit:	Kochzeit/Herstellung:	Portionen:
10 Minuten	ca. 1 Stunde	ca. 2 - 4

Zutaten:

Teig:

- 150 g Butter
- 30 g normales Mehl
- eine Prise Salz
- 1 Esslöffel Wasser

Füllung:

- 1 ein Päckchen Schafskäse
- 1 rote Zwiebel
- 4 Oliven
- 2 Knoblauchzehen

- 2 Eier
- Oregano (ziemlich viel)
- 250 g Doppelrahm
- 50 ml Milch
- Paprika

Servieren:

- Tomatensalat

Zubereitung:

1. Mehl und Salz in eine Schüssel geben und die Butter einreiben, bis sie die Konsistenz von Paniermehl hat. Wasser hinzufügen und zu einem Teig kneten.

2. Den Teig in einer Plastiktüte an einen kühlen Ort legen und eine Stunde ruhen lassen.

3. Den Teig wurstförmig rollen, in den Boden des Omnia – Campingbackofens legen und an den Rändern hochdrücken, so dass eine dünne Teighülle entsteht.

4. Den Käse würfeln und die Zwiebel, die Oliven und den Knoblauch in Stücke hacken. In den Teigmantel legen.

5. Verquirlen Sie das Ei mit einer großzügigen Portion Oregano. Die Sahne und die Milch hinzufügen.

6. Gießen Sie die Mischung über die Zutaten in der Form und bestreuen dann mit Paprika, um dem Ganzen ein wenig Farbe zu geben.

7. Mit dem Deckel abdecken und auf niedrigster Stufe 60 Minuten backen.

Pfannkuchen

Vorbereitungszeit:	Kochzeit/Herstellung:	Portionen:
5 Minuten	ca. 1 Stunde	ca. 2 - 4

Zutaten:

- 400 g Pfannkuchenmischung
- 1 Ei
- Margarine (geschmolzen)

Servieren:

- Preiselbeerkonfitüre

Zubereitung:

1. Den Campingbackofen (Omnia) einfetten. Mischen Sie die Pfannkuchenmischung nach der Anleitung auf der Packung an - reduzieren Sie die Wassermenge, um eine dickere Mischung zu erhalten.

2. Das Ei mit ein wenig flüssiger Margarine verquirlen.

3. In die Form füllen, mit dem Deckel verschließen und 60 Minuten backen.

4. Mit Preiselbeerkonfitüre servieren.

Gefüllte Pilze

Vorbereitungszeit:	Kochzeit/Herstellung:	Portionen:
5 Minuten	ca. 10 Minuten	1

Zutaten:

- 10 Champignons
- 10 Scheiben Bacon
- 250 g Feta
- Salz

Zubereitung:

1. Zunächst bereiten Sie die Zutaten vor und waschen die Champignons gründlich. Danach entfernen Sie die Stiele sowie die Hüte der Pilze und befüllen diese mit dem Fetakäse.
2. Umwickeln sie nun die befüllten Champignons mit einer Scheibe Schinken (Bacon).
3. Anschließend geben Sie die Feta-Pilze in die Omnia Form.
4. Jetzt für ca. 10 Minuten bei mittlerer Hitze braten lassen. Mit etwas Salz servieren.

Gebratene Kartoffelscheiben

Vorbereitungszeit:	Kochzeit/Herstellung:	Portionen:
10 Minuten	ca. 20 – 30 Minuten	ca. 4

Zutaten:

- 4 Zwiebeln, klein (gelb)
- 8 Kartoffeln (mittelgroß)
- Etwas Butter
- Speiseöl
- Salz und Schwarzer Pfeffer

Zubereitung:

1. Bereiten Sie die Zutaten vor und waschen die Kartoffeln gründlich bevor Sie sie schälen.
2. Schneiden Sie die Kartoffeln anschließend in dünne Streifen oder Stifte und machen dasselbe mit den Zwiebeln.
3. Vermischen Sie die Zwiebeln und die Kartoffeln miteinander und verfeinern diese mit den Gewürzen.
4. Den Omnia-Backofen nun mit Öl und Butter einfetten und die Kartoffeln (+ Zwiebeln) stückweise hinzugeben sowie bei hoher Hitze (geschlossenem Deckel) garen lassen.
5. Je nach Belieben die Kartoffelscheiben wenden, wenn sie knackig braun sind (ca. 20-30 Minuten).
6. Servieren Sie nach Wahl (Scharfe Sauce, Bacon etc.).

French Toast

Vorbereitungszeit: 5 Minuten | **Kochzeit/Herstellung:** ca. 10 Minuten | **Portionen:** ca. 2 - 4

Zutaten:

- 6 Toastscheiben
- 2 Eier
- 150 ml Milch
- 1 EL Zucker und Vanillezucker
- 2 TL Zimt
- Salz
- Butter
- Ahornsirup

Zubereitung:

1. Den Campingbackofen (Omnia) vorbereiten.

2. Danach den Großteil der Zutaten (außer: Ahornsirup, Butter und den Toast) zusammen vermischen.

3. Im Anschluss die Toastscheiben darin einweichen lassen.

4. Nun können Sie den Campingbackofen vorheizen und die Butter in die Form geben.

5. Zuletzt die Toastscheiben in der erhitzten Butter für ca. 5 Minuten backen und mit dem Sirup verfeinern.

Makkaroni

Vorbereitungszeit: 10 Minuten | **Kochzeit/Herstellung:** ca. 30 Minuten | **Portionen:** ca. 2 - 4

Zutaten:

- Gekochte Nudeln
- Ein paar Würstchen
- Schinkenwürfel
- 3 Eier
- 300 ml Milch

Servieren:

- Kohl und Preiselbeerkonfitüre

Zubereitung:

1. Den Campingbackofen (Omnia) vorbereiten.

2. Schneiden Sie die Würste und Nudeln in mundgerechte Stücke. Mit dem Schinken mischen und in die Halterung geben.

3. Ei und Milch verquirlen und über die Nudeln und das Fleisch gießen, bis alles bedeckt ist.

4. Mit dem Deckel abdecken und auf niedriger Hitze 30 Minuten backen.

Aprikosen Grießbrei

Vorbereitungszeit:	Kochzeit/Herstellung:	Portionen:
5 Minuten	ca. 10 Minuten	1

Zutaten:

- 200 g Aprikosen
- 800 ml Milch
- 120 g Vollkorngrieß
- Optional: Zimt

Zubereitung:

1. Zunächst zerkleinern bzw. würfeln Sie die Aprikosen und geben diese mit ca. 120 ml Wasser in Ihre Omnia Form.

2. Nun alles auf hoher Hitze kochen lassen, bis ein feines Kompott daraus entsteht.

3. Danach erhitzen Sie die Milch und mischen den Grieß hinzu. Lassen Sie nun auf mittlerer Hitze für etwa 3-5 Minuten köcheln.

4. Servieren Sie den Grießbrei lecker mit Aprikosenmus und Zimt.

Klassisches Omnia Frühstück

Vorbereitungszeit:	Kochzeit/Herstellung:	Portionen:
10 Minuten	ca. 20 Minuten	1 - 2

Zutaten:

- 100 g Fetakäse
- 8 Eier
- 1 Zwiebel
- 6 Tomaten
- 1 Jalapeño
- 3 Paprika
- Petersilie, gehackt
- Öl
- Salz und Pfeffer

Zubereitung:

1. Den Campingbackofen (Omnia) vorbereiten und bestenfalls etwas mit Öl einfetten. Hacken Sie danach die Zwiebel genauso wie die Jalapenos und würfeln Paprika und Tomaten.

2. Jetzt können Sie die Zutaten im erhitzten Zustand in Ihrer Omnia Form für etwa 5 Minuten andünsten. Geben Sie auch die Gewürze hinzu.

3. Den Käse untermischen und nach weiteren 5 Minuten kleinere Vertiefungen für die Eier erstellen, um diese vorsichtig darin hineinzugeben.

4. Schließen Sie nun den Deckel des Omina Backofens und backen für ca. 10 Minuten. Servieren Sie mit Petersilie und nach Belieben mit anderen Kräutern.

Milchreis

Vorbereitungszeit:	Kochzeit/Herstellung:	Portionen:
5 Minuten	ca. 25 Minuten	2

Zutaten:

- 800 ml Milch
- 200 ml Kokosmilch
- 1 TL Vanillezucker
- 240 g Milchreis
- Nelkenpulver
- 2 EL Ahornsirup
- Kardamom
- Salz

Zubereitung:

1. Den Campingbackofen (Omnia) vorbereiten und bestenfalls etwas einfetten.

2. Den Omnia auf hohe Hitze vorheizen und die beiden Milchsorten samt Milchreis sowie Vanillezucker gut zusammenmischen.

3. Danach auf mittlere Hitze für ca. 10 Minuten kochen lassen.

4. Anschließend den fertigen Milchreis für ungefähr 15 Minuten ziehen lassen und mit Nelkenpulver, Ahornsirup und/oder Kardamom servieren.

Mac & Cheese

Vorbereitungszeit:	Kochzeit/Herstellung:	Portionen:
10 Minuten	ca. 30 Minuten	6

Zutaten:

- 300 ml Milch
- 300 ml Sahne
- 300 g geriebener Käse (nach Wahl)
- 500 g kurze Makkaroni
- 50 g Butter
- 6-7 EL Mehl
- 6-7 EL Semmelbrösel
- 2 TL Knoblauchpulver
- Ca.2 TL Salz
- 1 TL schwarzer Pfeffer

Zubereitung:

1. Den Campingbackofen (Omnia) vorbereiten und bestenfalls etwas mit Öl einfetten und die Nudeln nach Packungsanweisungen kochen.

2. Vermischen Sie im Anschluss das Mehl mit der Butter, nachdem Sie die Butter geschmolzen haben. Danach die Milch und die Sahne mit einem Schneebesen verrühren für ca. 1 Minute köcheln lassen.

3. Achten Sie darauf das alles gut vermischt wird.Geben Sie nun 150 g vom Käse (nach Wahl) dazu und lassen diesen etwas einschmelzen. Würzen Sie mit dem Knoblauchpulver, Salz und Pfeffer.

4. Jetzt können Sie die Nudeln zusammen mit der Sauce mischen und geben alles in die bereits vorbereitete Omnia Form ggf. in die Silikonform.

5. Zum Schluss können Sie das Gericht noch mit den Semmelbröseln sowie dem übrig gebliebenen Käse verfeinern. Backen Sie bei hoher Hitze für ungefähr 20 Minuten.

Frühstücks-Weckla

Vorbereitungszeit:	Kochzeit/Herstellung:	Portionen:
5 Minuten	ca. 10 Minuten	4

Zutaten:

- 150 ml lauwarmes Wasser
- 1 Pck. Trockenhefe
- 75 g Joghurt
- 300 g Weizenmehl
- ½TL Zucker
- ½TL Salz

Zubereitung:

1. Den Campingbackofen (Omnia) vorbereiten (ggf. mit Silikonform) und bestenfalls davor etwas einfetten. Rühren Sie nun die Hefe im Wasser, bis sie sich vollständig aufgelöst hat. Vermengen Sie danach Joghurt, Zucker sowie Salz mit dem Mehl und rühren es zusammen mit dem Hefe-Wassergemisch (Vorsicht: Klebrig)

2. Formen Sie nun mit etwas bemehlten Handflächen kleine Brote und geben diese in ihren Campingbackofen (Omnia). Abschließend für ca. 10 Minuten auf hoher Hitze backen und servieren.

Leckerer Grießbrei

Vorbereitungszeit:	Kochzeit/Herstellung:	Portionen:
10 Minuten	ca. 10 Minuten	ca. 1 - 2

Zutaten:

- 800 ml Milch
- 200 g Früchte nach Wahl (Erdbeeren, Pflaumen – ganz nach Belieben)
- 120 g Vollkorngrieß

Zubereitung:

1. Den Campingbackofen (Omnia) vorbereiten.

2. Die Früchte würfeln und mit Wasser (ca. 12 EL) in die Omnia Form geben. Kochen Sie so lange bis eine Art Kompott entsteht und lassen es danach abkühlen.

3. Danach erhitzen Sie die Milch und geben den Grieß dazu. Auf mittlerer Hitze kochen und ca. 2 bis 3 Minuten köcheln lassen

4. Servieren Sie mit dem Kompott.

Porridge

Vorbereitungszeit:	Kochzeit/Herstellung:	Portionen:
20 Minuten	ca. 10 Minuten	ca. 1 - 2

Zutaten:

- 40 g Heidelbeeren
- 80g Haferflocken
- 1 Apfel / Birne
- 2 EL Honig
- 400 ml Mandelmilch (Sojamilch)
- 1 Packung Vanillezucker
- 2 EL Zitronenmelisse
- 2 Kiwis

Zubereitung:

1. Den Campingbackofen (Omnia) vorbereiten.
2. Danach Honig, Milch, Haferflocken und Vanillezucker in den Campingbackofen füllen und für ca. 5 Minuten kochen.
3. In der Zwischenzeit den Apfel/Birne bzw. die Kiwis würfeln und hineinrühren.
4. Zuletzt noch die Zitronenmelisse bzw. die Heidelbeeren hinzufügen und den leckeren Porridge auskühlen lassen.
5. Servieren

HAUPTSPEISEN

Sellerie Suppe

Vorbereitungszeit:	Kochzeit/Herstellung:	Portionen:
10 Minuten	ca. 10 Minuten	4

Zutaten:

- Olivenöl (1 Esslöffel)
- Knoblauchzehen (3, gehackt)
- Sellerie (900 g, frisch, in 2,5 cm Stücke gehackt)
- Gemüsebrühe (1,44 Liter)
- Salz (1 Teelöffel)

Zubereitung:

1. Bewahren Sie die Sellerieköpfe für eine spätere Verwendung auf. Erhitzen Sie das Öl bei mittlerer Hitze in Ihrem Campingbackofen (Omnia)
2. Knoblauch anbraten, bis er weich wird, etwa 3-5 Minuten.
3. Selleriestangen, Salz und Gemüsebrühe hinzufügen und zum Kochen bringen.
4. Zudecken und die Hitze auf niedrige Stufe reduzieren und köcheln lassen, bis der Sellerie weich wird. Dann die Suppe etwas abkühlen lassen und mit einem Stabmixer pürieren.
5. Die Sellerieköpfe hinzufügen und bei mittlerer Hitze 5 Minuten kochen.

Gemüsesuppe

Vorbereitungszeit: 15 Minuten | **Kochzeit/Herstellung:** ca. 15- 30 Minuten | **Portionen:** 4

Zutaten:

- Olivenöl (2 EL)
- Knoblauchzehen (4, fein gehackt)
- Selleriestangen (2, fein geschnitten)
- Karotten (2, fein geschnitten)
- Wasser (1,44 Liter oder Hühnerbrühe)
- Thymian (1/4 TL)
- Rosmarin (1/4 TL)
- Lorbeerblatt (1)
- Erbsen (1 Dose (400 g)
- Salz (1/2 TL)

Zubereitung:

1. Erhitzen Sie das Öl bei mittlerer Hitze in Ihrem Campingbackofen (Omnia). Knoblauch, Sellerie und Karotten hinzufügen und unter gelegentlichem Rühren 5 Minuten kochen lassen.
2. Wasser oder Hühnerbrühe, Thymian, Rosmarin und Lorbeerblatt hinzufügen und zum Kochen bringen.
3. Hitze reduzieren und zugedeckt sanft köcheln lassen. Erbsen zugeben und mit Salz abschmecken.
4. Suppe etwas abkühlen lassen, Lorbeerblatt entfernen und mit einem Stabmixer pürieren, bis sie cremig ist.
5. In vorgewärmten Suppenschalen servieren.

Wildpilzsuppe

Vorbereitungszeit: 10 Minuten | **Kochzeit/Herstellung:** ca. 15 Minuten | **Portionen:** 4

Zutaten:

- 110 g Walnussbutter
- 1 gehackte Schalotte
- 140 g gehackte Portobello-Pilze
- 140 g gehackte Austernpilze
- 1/2 Teelöffel getrockneter Thymian
- 720 ml alkalisches Wasser
- 1 Gemüsebrühwürfel
- ca. 240 g Kokosnusscreme
- 225 g gehackte Selleriewurzel
- 1 Esslöffel Weißweinessig
- Frischer Koriander

Zubereitung:

1. Schmelzen Sie die Butter in Ihrem Campingbackofen (Omnia) bei mittlerer Hitze.
2. Geben Sie das Gemüse hinzu und braten Sie es an, bis es goldbraun ist.
3. Geben Sie nun auch die restlichen Zutaten in die dazu und vermischen Sie sie gut.
4. Bringen Sie die Mischung zum Kochen. Lassen Sie sie bei niedriger Hitze köcheln.
5. Fügen Sie die Sahne hinzu und pürieren Sie die Suppe mit einem Stabmixer. Servieren Sie die Suppe warm mit dem gehackten Koriander als Topping.

Hähnchen-Erbsensuppe

Vorbereitungszeit:	Kochzeit/Herstellung:	Portionen:
15 Minuten	ca. 20 – 30 Minuten	4 - 6

Zutaten:

- Hähnchenbrust (450 g ohne Haut, ohne Knochen, in Würfel geschnitten)
- Olivenöl (2 Esslöffel)
- Knoblauchzehen (3, gehackt)
- Karotten (3, gerieben)
- Lorbeerblatt (1)
- Salz (1 Teelöffel)
- Geflügelgewürz (1 Teelöffel)
- Hühnerbrühe (1,92 Liter)
- Getrocknete Spalterbsen (ca. 110 g, gewaschen und abgetropft)
- Grüne Erbsen (ca. 130 g)

Zubereitung:

1. Erhitzen Sie das Olivenöl bei mittlerer Hitze in einem Campingbackofen (Omnia).

2. Hähnchen hinzufügen und 5 Minuten kochen, bis es leicht gebraten ist. Knoblauch, Lorbeerblatt, Karotten, Salz und Gewürze hinzufügen und kochen, bis das Gemüse weich wird, dabei gelegentlich umrühren.

3. Brühe und Spalterbsen in den Topf geben und zum Kochen bringen. Hitze reduzieren, abdecken und bei niedriger Hitze köcheln lassen.

4. Grüne Erbsen in die Suppe geben und 5 Minuten erhitzen, dabei umrühren, um alle Zutaten gut zu vermischen.

Florentiner

Vorbereitungszeit:	Kochzeit/Herstellung:	Portionen:
15 Minuten	ca. 10 - 20 Minuten	4

Zutaten:

- Olivenöl (2 Esslöffel)
- Zucchini (2 mittelgroße, entkernt, in dünne Scheiben geschnitten)
- Frühlingszwiebeln (50 g, in Scheiben geschnitten)
- Putenbrust (ca. 280 g, gewürfelt)
- Salz (1/2 Teelöffel)
- Thymian (1/2 Teelöffel, gemahlen)
- Piment (2 Esslöffel, gehackt)
- gekochter Langkornreis (ca. 300-350 g)
- frischer Babyspinat (ca. 120 g)
- fettarmer Parmesankäse (ca. 20 g, frisch gerieben)

Zubereitung:

1. Erhitzen Sie das Olivenöl in Ihrem Campingofen (Omnia) bei mittlerer Hitze.

2. Fügen Sie Zucchini, Putenfleisch und Zwiebeln hinzu, rühren Sie ab und zu für 5 bis 10 Minuten.

3. Salz, Thymian, Piment, Reis und Spinat hinzufügen. Weitere Momente kochen und rühren, bis der Spinat durch ist.

4. Von der Kochstelle nehmen, in eine große Servierschüssel geben und den Käse unterrühren.

Käsespätzle

Vorbereitungszeit: 10 Minuten | Kochzeit/Herstellung: ca. 5 Minuten | Portionen: 2

Zutaten:

- Ca. 1,2 kg g Spätzle, gekocht
- 160 g Röstzwiebeln
- 500 g würziger Käse, gerieben

Zubereitung:

1. Erhitzen Sie das Olivenöl bei mittlerer Hitze in einem Campingbackofen (Omnia).
2. Vermischen Sie nun 450 g Käse, 120g Röstzwiebeln sowie das Spätzle zusammen und befüllen damit ihre Omnia Backform.
3. Danach den Rest der Zutaten auf dem Gericht verteilen und auf hoher Hitze für ca. 5 Minuten backen.
4. Servieren

Knoblauch Garnelen

Vorbereitungszeit: 15 Minuten | Kochzeit/Herstellung: ca. 25 Minuten | Portionen: 2

Zutaten:

- Olivenöl
- Ca. 1 kg Garnelen
- 400 ml Sahne
- 200 ml Milch
- 400 g Karotten
- 4 Knoblauchzehen
- 2 TL Senf
- Safranfäden
- Salz & Pfeffer

Zubereitung:

1. Erhitzen Sie das Olivenöl bei hoher Hitze in einem Campingbackofen (Omnia).
2. Hacken Sie die Karotten in Scheiben und legen Sie beiseite.
3. Hacken Sie danach den Knoblauch und braten die Garnelen mit dem Gemüse zusammen für ca. 10 Minuten.
4. Nun können Sie auch die restlichen Zutaten auf die Garnelen verteilen und auf mittlere Hitzereduzieren sowie nach 15 Minuten das Gericht servieren.

Nudeln mit Hähnchen und Spargel

Vorbereitungszeit:	Kochzeit/Herstellung:	Portionen:
10 Minuten	ca. 10 - 20 Minuten	4

Zutaten:

- Vollkorn-Penne-Nudeln (450 g)
- Olivenöl (2 Esslöffel)
- Hähnchenbrusthälften (225 g, in Streifen geschnitten)
- Geflügelgewürz (1/2 Teelöffel)
- Knoblauchzehen (4, gehackt)
- Spargel (ca. 185 g, gefroren, in 2,5 cm geschnitten)
- Erbsen (ca. 130 g, gefroren, aufgetaut)
- Parmesankäse (ca. 20 g, gerieben)

Zubereitung:

1. Bringen Sie einen Topf mit Salzwasser zum Kochen. Nudeln hinzufügen und nach Packungsanweisung al dente kochen.

2. Erhitzen Sie einen Esslöffel Olivenöl in Ihrem Campingbackofen (Omnia) bei mittlerer Hitze und braten Sie das Hähnchen mit Geflügelgewürz, bis es goldbraun ist. Gekochtes Hähnchen aus der Pfanne nehmen. Fügen Sie den restlichen Esslöffel Olivenöl, Knoblauch, Spargel und Erbsen hinzu. Kochen Sie, bis das Gemüse weich ist.

3. Geben Sie das Hähnchen zurück in die Pfanne mit der Spargelmischung und kochen Sie 2 Minuten lang. Geben Sie die Nudeln in eine flache Nudelschüssel und schwenken Sie sie mit der Hähnchenmischung.

4. Mit Parmesankäse bestreuen.

Truthahn Chili

Vorbereitungszeit:	Kochzeit/Herstellung:	Portionen:
20 Minuten	ca. 15 - 30 Minuten	4 - 6

Zutaten:

- Olivenöl (3 Esslöffel)
- Knoblauchzehen (4, gehackt)
- Zwiebel (1 mittelgroß, gehackt)
- Putenhackfleisch (450 g)
- Lorbeerblatt (1)
- gemahlener Kreuzkümmel (1 Teelöffel)
- getrockneter Oregano (1 Teelöffel)
- Tomaten (1, entkernt und gehackt)
- Tomatensoße (1 Dose)
- Schweinebrühe (240 ml)
- Salz (1 Teelöffel)
- rote Bohnen (2 Dosen, abgetropft)

Zubereitung:

1. Erhitzen Sie das Öl in einem Campingbackofen (Omnia) und braten Sie die Zwiebeln und den Knoblauch ca. 5 Minuten lang.

2. Drehen Sie die Hitze von mittel auf hohe Stufe. Oregano, Lorbeerblatt, Truthahn und Kreuzkümmel hinzufügen. So lange kochen bis der Truthahn gebraten ist.

3. Brühe, Tomatensauce, Tomate und Salz hinzufügen. Sobald der Topf kocht, die Hitze auf Köcheln reduzieren.

4. Zugedeckt köcheln lassen.

5. Bei Bedarf mehr Wasser und Bohnen hinzufügen und weiter köcheln lassen.

Truthahn Auflauf

Vorbereitungszeit: 15 Minuten
Kochzeit/Herstellung: ca. 1 Stunde
Portionen: 4

Zutaten:

- Putenhackfleisch (3,5 kg)
- Salz (1/2 TL)
- Zwiebel (1, fein gehackt)
- Karotten (2, gehackt)
- Stangensellerie (2, gehackt)
- Grüne Paprika (1, entkernt und gehackt)
- Champignons (12, geviertelt)
- Hühnerbrühe (ca. 600 ml)
- Gerste (ca. 200 g)
- Geflügelgewürz (1 TL)
- Lorbeerblatt (1)

Zubereitung:

1. Braten Sie bei mittlerer Hitze das Putenhackfleisch mit Salz in einer Pfanne an, bis es gebräunt ist, etwa 5 Minuten.
2. Grüne Paprika, Sellerie, Karotten und Zwiebeln hinzufügen. Ca. 5 Minuten kochen, bis sie weich sind.
3. Lorbeerblatt, Geflügelgewürz, Gerste, Brühe und Pilze hinzufügen.
4. Mischen Sie alles und geben Sie die Mischung in eine Auflaufform.
5. Abdecken und im Omnia backen lassen.

Rindfleischeintopf

Vorbereitungszeit: 15 Minuten
Kochzeit/Herstellung: ca. 1 Stunde
Portionen: 4

Zutaten:

- 2 Esslöffel Olivenöl
- 6 Knoblauchzehen, geviertelt und 1 Zwiebel, gehackt
- 900 gr. Rindfleisch
- 1 großer Lauch, gehackt
- 2 Karotten, gehackt
- Ca. 180 g Pilze, gehackt
- 400 g Tomaten, gehackt
- 4 Kartoffeln, geschält und geviertelt
- 2 Esslöffel getrocknet Herbes de Provence
- Salz und Pfeffer nach Geschmack
- Gehackte Petersilie, zum Verfeinern
- 240 ml Rotwein oder 60 ml Sherry
- 960 ml Rinderbrühe oder Gemüsebrühe
- Extra heißes Wasser nach Bedarf

Zubereitung:

1. Das Öl bei mittlerer Hitze 30 Sekunden lang erhitzen, dann gehackten Knoblauch und gehackte Zwiebeln hinzufügen und in Ihrem Campingbackofen (Omnia) kochen.
2. Alle zwei Minuten umrühren, um Verbrennungen zu vermeiden. Fügen Sie Fleischstücke hinzu und braten Sie sie leicht an, wobei Sie häufig mischen sollten.
3. Fügen Sie Ihr gehacktes Gemüse in der folgenden Reihenfolge hinzu und rühren Sie zwischen jeder Zugabe um: Pilze, Tomaten, Karotten, Kartoffeln. Brühe und Wein hinzufügen, dann frische Kräuter.

4. Stellen Sie sicher, dass Fleisch und Gemüse mit ausreichend Flüssigkeit bedeckt sind. Wenn mehr benötigt wird, fügen Sie nach Bedarf heißes Wasser hinzu.

5. Die Mischung sollte nicht zu suppig sein, aber auch nicht zu trocken. Langsam köcheln lassen.

6. Vor dem Servieren nach Geschmack salzen. Petersilie hinzufügen.

Meeresfrüchte Eintopf

Vorbereitungszeit:	Kochzeit/Herstellung:	Portionen:
15 Minuten	**ca. 30 - 45 Minuten**	**3**

Zutaten:

- 1 EL. Olivenöl
- 85 g vollständig gekochte Wurst, in Scheiben geschnitten
- 1 Lauch nur weiße und hellgrüne Stücke, in Scheiben geschnitten
- 1/2 kleine Fenchelknolle, gehackt
- 1 Knoblauchzehen, gehackt
- 1/2 Lorbeerblatt, 1 kleine Prise Safran (optional)
- 80 ml trockener Weißwein
- 400 g Tomatenwürfel
- 125 ml Muschelsaft
- 225 g Muscheln, gewaschen und entkernt, 110 g geschälte und entdarmte mittelgroße Garnelen, 110 g hautloser weißer Fisch (wie Bass, Heilbutt oder Kabeljau), in Stücke geschnitten
- 1 EL. gehackte frische Petersilie
- Salz und frisch gemahlener schwarzer Pfeffer

Zubereitung:

1. Öl in einem Campingbackofen (Omnia) bei mittlerer Hitze erhitzen. Fügen Sie Wurst, Lauch und Fenchel hinzu. Unter gelegentlichem Rühren 4 bis 6 Minuten kochen lassen, bis sie weich sind.

2. Fügen Sie Knoblauch, Lorbeerblatt und Safran hinzu (falls gewünscht). Unter ständigem Rühren 30 Sekunden kochen lassen. Fügen Sie Wein hinzu und kochen Sie, bis eine Art Sirup entsteht für 1 bis 2 Minuten.
3. Erhöhen Sie die Hitze auf mittelhoch. Tomaten dazugeben und unter gelegentlichem Rühren ziehen lassen.

4. Fügen Sie Muschelsaft und 720 ml Wasser hinzu; zum Kochen bringen. Die Hitze reduzieren und Muscheln hinzufügen; 3 Minuten kochen. Garnelen und Fisch hinzufügen.

5. 3 bis 4 Minuten kochen, bis Muscheln, Garnelen und Fisch gar sind. Lorbeerblätter verwerfen.

6. Petersilie unterrühren. Mit Salz und Pfeffer würzen.

Marokkanischer Fischeintopf

Vorbereitungszeit:	Kochzeit/Herstellung:	Portionen:
10 Minuten	**ca. 20 Minuten**	**2**

Zutaten:

- 2 Esslöffel Olivenöl
- 1 kleine rote Zwiebel, in Scheiben geschnitten
- 2 Teelöffel gemahlener Kreuzkümmel
- ½ Teelöffel Chiliflocken, oder nach Geschmack
- 1 mittelgroße Paprikaschote, entkernt und in Streifen geschnitten

- 400 g Dose Tomatenwürfel, nicht abgetropft
- 350 g weiße Fischfilets, in mundgerechte Stücke geschnitten
- Salz und Pfeffer

Zubereitung:

1. Olivenöl in Ihrem Campingbackofen (Omnia) bei mittlerer Hitze auf einem Gaskocher erhitzen. Zwiebel und Gewürze hinzufügen.

2. Duftend anbraten, bis die Zwiebel durchsichtig ist, etwa 3-5 Minuten. Paprika und Tomaten hinzugeben.

3. Auf niedriger Hitze köcheln lassen und kochen, bis die Paprika weich ist, ca. 3 Minuten. Fisch hinzufügen und vorsichtig in die Sauce drücken.

4. Zugedeckt köcheln lassen (nicht zugedeckt aufkochen).

Orzo Pasta Eintopf

Vorbereitungszeit:	Kochzeit/Herstellung:	Portionen:
10 Minuten	ca. 30 Minuten	4

Zutaten:

- 2 Esslöffel Olivenöl
- 1 große gelbe Zwiebel, gewürfelt
- 3 Gewürznelken Knoblauch, gehackt
- Ca. 255 g Orzo Pasta
- 960 ml Gemüsebrühe
- 90 g Feta-Käse und zusätzlich zum Servieren
- 170 g marinierte Artischocken, abgetropft und grob gehackt
- 45 g Kalamata-Oliven, entsteint, fein gehackt und zusätzlich zum Servieren
- 100 g In Öl verpackte, sonnengetrocknete Tomaten, abgetropft und fein gehackt
- 60 g Petersilie, gehackt
- Ca. 30 g geröstete Pinienkerne (optional)
- Salz und Pfeffer abschmecken

Zubereitung:

1. Erhitzen Sie Ihren Campingbackofen (Omnia) bei mittlerer Hitze. Die Zwiebeln einrühren und ca. 5 Minuten anbraten, bis sie weich sind.

2. Fügen Sie den Knoblauch und den Orzo hinzu und kochen Sie weitere 3 Minuten unter häufigem Rühren.

3. Die Gemüsebrühe dazugeben und zum Kochen bringen. Hitze reduzieren und unter häufigem Rühren köcheln lassen.

4. Weiter kochen, bis das Orzo al dente ist und in einer dicken, cremigen Brühe 10 bis 15 Minuten lang gesetzt ist.

5. Feta, Artischocken, Oliven, getrocknete Tomaten und Petersilie dazugeben und gut verrühren. Mit Salz und Pfeffer abschmecken.

6. Servieren Sie jedes Gericht mit Pinienkernen und zusätzlichen Oliven und darüber gestreutem Feta-Käse.

Kohleintopf

Vorbereitungszeit:	Kochzeit/Herstellung:	Portionen:
15 Minuten	ca. 1 Stunde	4

Zutaten:

- 1 Zwiebel (groß)
- 4 Knoblauchzehen
- 1 Esslöffel Kokosöl (Ghee oder Olivenöl)
- 1 Butternusskürbis (/ Kürbis oder Hokkaido-Kürbis)
- 3 Zweige Rosmarin (einige Male mit dem Ende eines Messers einschlagen)
- 1 Zitronenschale (Bio und Saft)
- 1 Kopfkohl
- 95 Gramm Vollkornreis (ungekocht, eingeweicht)
- 85 Gramm schwarzäugige Erbsen (ungekocht, eingeweicht)
- Wasser (zu bedecken, ca. 1 1/2 Liter)
- 1 Esslöffel Bouillonpulver (Gemüse, ohne MSG)
- 3 Lorbeerblätter (getrocknet)
- Pfeffer
- Meersalz
- Naturjoghurt (Auswahl, optional)
- frische Petersilie (gehackt)
- Äpfel (frisch, gehackt)
- geriebener Parmesan (optional)

Zubereitung:

1. Zwiebel und Knoblauch schälen und fein hacken.

2. Bereiten Sie nun den Kürbis zu, d.h. schälen, halbieren und entkernen, dann in Würfel schneiden.

3. Das Öl in Ihrem Campingbackofen (Omnia) erhitzen, Zwiebel, Knoblauch und Rosmarinzweige dazugeben, etwa eine Minute braten lassen und dabei gelegentlich umrühren.

4. Fügen Sie den gewürfelten Kürbis und die Zitronenschale hinzu und rühren Sie um, um zu kombinieren. Kohl in Scheiben schneiden, Stiel wegwerfen.

5. Kohl, eingeweichten Vollkornreis, schwarze Erbsen, Wasser, Bouillon, Lorbeerblätter, Salz und Pfeffer in den Topf geben und umrühren, um alles zu vermengen.

6. Mit einem Deckel abdecken und zum Kochen bringen, dann die Hitze senken und kochen lassen. Überprüfen Sie von Zeit zu Zeit, ob mehr Wasser benötigt wird, und rühren Sie vorsichtig um.

7. Servierfertig, wenn der Reis und die Erbsen zart sind.

8. Verfeinern Sie mit einem Schuss Joghurt, frischer Petersilie und gehackten Äpfeln.

Hähnchen Quinoa Eintopf

Vorbereitungszeit:	Kochzeit/Herstellung:	Portionen:
10 Minuten	ca. 30 - 40 Minuten	4

Zutaten:

- 1 EL Pflanzenöl
- 4 Hähnchenschenkelfilets, ohne Haut
- 1 Zwiebel, fein gehackt
- 1 TL gemahlener Zimt
- 1 TL geräucherter Paprika
- 1 TL gemahlener Koriander
- 1 TL gemahlene Kurkuma
- 1 Konservierte Zitrone, Fruchtfleisch, fein gehackt
- 400 g gehackte Tomaten
- 120 g Quinoa
- Eine Handvoll getrocknete Aprikosen
- Eine Handvoll geröstete Mandeln
- Ein kleines Bündel Petersilie, gehackt

Zubereitung:

1. Erhitzen Sie Ihren Campingbackofen (Omnia) bei mittlerer Hitze mit dem Pflanzenöl.

2. Die Hähnchenschenkel gut würzen und dazugeben. Gut braten dabei wenden, bis alles gut gebräunt ist.

3. Fügen Sie die Zwiebel hinzu und kochen Sie sie 3-4 Minuten lang, bis sie weich ist.

4. Rühren Sie die Gewürze ein und kochen Sie sie 1 Minute lang, bevor Sie die eingemachte Zitrone, die gehackten Tomaten und eine halbe Dose Wasser hinzufügen.

5. 15 Minuten leicht köcheln lassen. Quinoa, getrocknete Aprikosen und 500 ml Wasser unter ständigem Rühren kochen lassen, bis die Quinoa gar ist.

6. Mit den Mandeln und der Petersilie bestreut servieren.

Hähnchen Dattel Leckerei

Vorbereitungszeit:	Kochzeit/Herstellung:	Portionen:
10 Minuten	ca. 1 Stunde	4

Zutaten:

- 8 Hähnchenschenkel
- 1 kleiner Butternusskürbis, geschält und in Stücke geschnitten
- rote Zwiebel 1, in Keile schneiden
- Hühnerbrühe frisch, Würfel oder Konzentrat bis 300ml
- 400 g Dose Kirschtomaten
- 1 Zimtstange
- 8 Medjool Datteln, halbiert
- Korianderblätter von einem großen Bündel

Gewürzpaste:

- 1 rote Zwiebel klein, grob gehackt
- 2 Knoblauch Nelken, grob gehackt
- Wurzel Ingwer daumengroßes Stück, grob gehackt
- 1 TL gemahlener Kreuzkümmel
- 2 TL Paprika
- 1 TL mildes Chilipulver
- Korianderwurzeln

Zubereitung:

1. Bereiten Sie den Campingbackofen (Omnia) vor.

2. Geben Sie alle Zutaten der Gewürzpaste in eine kleine Küchenmaschine mit 2 EL Olivenöl und rühren Sie sie zu einer Paste.

3. Die Hähnchenschenkel in dem Campingbackofen oder einer großen, breiten Pfanne anbraten.

4. Aushöhlen, dann die Gewürzpaste dazugeben und einige Minuten kochen.

5. Fügen Sie den Kürbis, die Zwiebel, die Brühe, die Tomaten und den Zimt hinzu und rühren Sie um.

6. Das Hähnchen dazugeben (etwas in die Sauce drücken). Das Hähnchen so lange garen, bis es durch ist.

7. Zuletzt fügen Sie die Datteln noch hinzu.

8. Mit Koriander bestreuen und mit gebuttertem Couscous servieren.

Gebackener Hering

Vorbereitungszeit:	Kochzeit/Herstellung:	Portionen:
10 Minuten	ca. 1 Stunde 30 Minuten	4

Zutaten:

- 600 g kleine Heringe
- Salz (nach Geschmack)
- ½ Esslöffel Semmelbrösel
- 2 Esslöffel Margarine

Füllung:

- Petersilienbutter, geräucherter Seehasenrogen oder in Scheiben geschnittenes Sardellenfilet, Tomatenketchup

Garnierung:

- Frischer Dill

Servieren:

- Salzkartoffeln und gemischter Salat

Zubereitung:

1. Den Campingbackofen (Omnia) einfetten. Die Heringe filetieren und waschen.
2. Wahlweise mit etwas Salz bestreuen
3. Geben Sie einen kleinen Klecks Petersilienbutter, Ketchup und entweder eine Scheibe Sardellenfilet oder Seehasenrogen auf das Heringsfilet.
4. Anschließend von oben nach unten einrollen.
5. Die gerollten Heringsfilets dicht in einer Lage in den Ofen.
6. Mit den Semmelbröseln und ein paar Margarinestückchen bestreuen.
7. Mit dem Deckel abdecken, auf den Gaskocher stellen und 20 Minuten backen.
8. Wenn Sie ein Ofenthermometer verwenden, sollte es 60-65°C anzeigen.
9. Mit kleinen Zweigen Dill garnieren und servieren.

Scharfes Garnelen Curry

Vorbereitungszeit:	Kochzeit/Herstellung:	Portionen:
10 Minuten	ca. 10 Minuten	2

Zutaten:

- 1 Esslöffel Olivenöl
- 1½ Teelöffel Currypulver, oder nach Geschmack
- 1 große rote Chilischote, entkernt und fein gehackt
- Ca. 225 g Kirschtomaten
- 16 große rohe Garnelen
- Ca. 120 g Kokosnusscreme
- Salz und Pfeffer, nach Geschmack
- Frische Petersilie, gehackt

Zubereitung:

1. Geben Sie Öl in den Campingbackofen (Omnia) und erhitzen bei mittlerer Hitze auf einem Campingkocher. Currypulver und Chilis hinzufügen.

2. Duftend anbraten, etwa 1 Minute. Hitze reduzieren und Tomaten hinzufügen. Auf niedriger Hitze köcheln lassen und 1 Minute köcheln lassen.

3. Garnelen hinzugeben und weitergaren, bis die Garnelen rosa und undurchsichtig sind, ca. 3-5 Minuten.

4. Kokosnusscreme hinzufügen. Mit Salz und Pfeffer abschmecken.

5. Vom Herd nehmen und mit gehackter Petersilie bestreuen.

VEGETARISCH

Bohnen Gemüse Kasserolle

Vorbereitungszeit:	Kochzeit/Herstellung:	Portionen:
30 Minuten	ca. 1 Stunde	4

Zutaten:

- Pflanzenöl (3 Esslöffel)
- Zwiebel, (1 groß, gehackt)
- Sellerie, (2 Stängel, gehackt)
- grüne Paprika (1 mittel, entkernt und gewürfelt)
- Tomaten (2 mittel, entkernt und gewürfelt)
- rote Kidneybohnen (340 g, abgetropft)
- Baby-Limabohnen (ca. 430 g, gefroren und aufgetaut)
- Gerste (ca. 200 g)
- Italienische Petersilie (45 g, gehackt)
- Salz (1/2 Teelöffel)
- Getrocknetes Basilikum (1 Teelöffel)
- Kreuzkümmel (1/2 Teelöffel)
- Kochendes Wasser (420 ml)

Zubereitung:

1. Heizen Sie den Campingbackofen (Omnia) vor. Erhitzen Sie das Öl in Ihrem Campingbackofen bei mittlerer Hitze.

2. Zwiebel, Sellerie und grüne Paprika hinzufügen.

3. 10 Minuten kochen oder bis das Gemüse weich wird. Basilikum, Limabohnen, Salz, Gerste, Kidneybohnen, Petersilie, Tomaten und Kreuzkümmel unterrühren.

4. Fügen Sie kochendes Wasser hinzu. Abdecken. Backen Sie für ca. 1-1/2 Stunden.

Brokkoli Pilz Reis

Vorbereitungszeit:	Kochzeit/Herstellung:	Portionen:
15 Minuten	ca. 20 Minuten	4

Zutaten:

- Olivenöl (1 Esslöffel)
- Zwiebel (1 mittelgroß, gehackt)
- Knoblauchzehen (2, gehackt) Instant-
- Reis (ca. 100-150 g)
- Portobello-Pilze (225 g, in Scheiben geschnitten)
- Gemüsebrühe (180 ml)
- Frische Brokkoliröschen (450 g)
- Salz (1/2 Teelöffel)

Zubereitung:

1. Heizen Sie das Öl in einem Campingbackofen (Omnia) bei mittlerer Hitze vor.

2. Zwiebeln und Knoblauch anbraten, bis sie weich sind, etwa 5 Minuten. Reis und Pilze einrühren und 3-5 Minuten kochen oder bis die Pilze ihren ganzen Saft abgegeben haben.

3. Die Brühe hinzufügen und zum Kochen bringen. Hitze auf mittlere bis niedrige Stufe reduzieren und abdecken, bis die Flüssigkeit aufgesogen ist (ca. 7 - 8 Minuten).

4. Brokkoli dazugeben, mit Salz bestreuen und 4 Esslöffel Wasser hinzufügen. Zugedeckt bei starker Hitze 5 bis 7 Minuten kochen oder bis er weich ist.

5. Den Reis auf eine Servierplatte geben und mit dem Brokkoli bedecken. Durchmischen und servieren.

Gemüse Curry

Vorbereitungszeit:	Kochzeit/Herstellung:	Portionen:
10 Minuten	ca. 20 Minuten	4

Zutaten:

- Butternusskürbis (625 g, entkernt und gehackt)
- Olivenöl (1 Esslöffel)
- Zwiebel (1 kleine, fein geschnitten)
- Currypulver (1 Esslöffel, mild)
- Kokosmilch (420 ml)
- Wasser (240 ml)
- frischer Spinat (90 g, gehackt)
- Butterbohnen (1 (400 g) Dose, abgetropft)
- frischer Koriander (2 Esslöffel, gehackt)

Zubereitung:

1. Geben Sie Ihren Kürbis mit so viel Wasser, dass er bedeckt ist, in Ihren Campingbackofen (Omnia) und kochen Sie ihn weich. Abgießen und beiseite stellen.

2. Stellen Sie einen tiefen Topf mit Öl auf mittlere Hitze, um ihn heiß werden zu lassen. Sobald er heiß ist, geben Sie die Zwiebeln hinzu und braten sie, bis sie duften.

3. Fügen Sie das Curry hinzu und rühren Sie es etwa 3 Minuten lang um, wobei Sie darauf achten sollten, dass es nicht anbrennt. Fügen Sie Wasser und Kokosmilch hinzu und lassen Sie es aufkochen.

4. Hitze reduzieren und ohne Deckel köcheln lassen, bis das Curry eingedickt ist (ca. weitere 5 Minuten).

5. Fügen Sie die restlichen Zutaten in Ihren Omnia hinzu und rühren Sie, bis alles gebraten ist.

Quinoa Eintopf

Vorbereitungszeit:	Kochzeit/Herstellung:	Portionen:
15 Minuten	ca. 20 30 Minuten	4

Zutaten:

- Pflanzenöl (1 Esslöffel)
- Zwiebel (1 groß, gehackt)
- Knoblauchzehen (2, fein gehackt)
- grüne Paprika (1 mittelgroß, gehackt)
- Wasser (720 ml oder Brühe)
- Quinoa (ca. 225 g, ungekocht)
- Tomatensoße (1 Dose)
- Oregano (½ Teelöffel)
- Thymian (½ Teelöffel)
- Basilikum (½ Teelöffel)
- Paprika (½ Teelöffel)

Zubereitung:

1. Erhitzen Sie das Öl bei mittlerer Hitze in Ihrem Campingbackofen (Omnia). Braten Sie Zwiebel, Paprika und Knoblauch unter häufigem Rühren, bis das Gemüse weich ist.

2. Wasser, Quinoa, Tomatensauce und Gewürze einrühren.

3. Drehen Sie die Hitze herunter und lassen Sie die Quinoa zugedeckt köcheln oder bis sie weich sind.

4. Servieren.

Spaghetti Eintopf

Vorbereitungszeit:	Kochzeit/Herstellung:	Portionen:
15 Minuten	ca. 30 Minuten	4

Zutaten:

- Olivenöl (3 Esslöffel)
- Zwiebel (1 große, gehackt)
- Knoblauchzehen (4, gehackt)
- Karotten (3, gehackt)
- Selleriestangen (3, gehackt)
- Quinoa (180 g, ungekocht)
- Wasser (2 1/2 Liter)
- Salz (2 Teelöffel)
- Lorbeerblatt (1)
- Linguine (110 g, in Stücke gebrochen)
- Grünkohl (140 g, gehackt)
- Italienische Petersilie (30 g, gehackt)

Zubereitung:

1. Erhitzen Sie das Olivenöl bei mittlerer Hitze in Ihrem Campingbackofen (Omnia).

2. Kochen Sie die Zwiebel, den Knoblauch, die Karotten und den Sellerie 10 Minuten lang unter gelegentlichem Rühren, bis sie weich sind.

3. Geben Sie Quinoa, Wasser, Salz und Lorbeerblatt in den Ofen. Zum Kochen bringen. Drehen Sie die Hitze herunter, damit der Inhalt köcheln kann, decken Sie den Topf teilweise ab und rühren Sie 15 Minuten lang häufig um.

4. Fügen Sie die Linguine hinzu und lassen Sie sie köcheln, rühren Sie oft um, kochen Sie die Quinoa, den Grünkohl und die Nudeln, bis sie weich sind, 15 bis 20 Minuten länger. Petersilie unter den Eintopf rühren.

Brokkoli Nudeln

Vorbereitungszeit:	Kochzeit/Herstellung:	Portionen:
10 Minuten	ca. 10 Minuten	2

Zutaten:

- Brokkoliröschen (ca. 140 g)
- Vollkornnudeln (225 g)
- Olivenöl (1/2 Esslöffel)
- Parmesankäse (1 1/2 Esslöffel, gerieben)
- Knoblauchpulver (1/8 Teelöffel)

Zubereitung:

1. Bringen Sie in einem Campingbackofen (Omnia) Salzwasser zum Kochen.

2. Geben Sie die Nudeln und den Brokkoli hinein und kochen Sie sie, bis sie weich sind (ca. 8 Minuten).

3. Gut abtropfen lassen. Geben Sie die Nudelmischung in eine große flache Schüssel und schwenken Sie sie mit Olivenöl, Knoblauchpulver und Käse.

Karibischer Reis mit Erbsen

Vorbereitungszeit:	Kochzeit/Herstellung:	Portionen:
15 Minuten	ca. 15 Minuten	4 - 6

Zutaten:

- Olivenöl (1 Esslöffel)
- Zwiebel (1 mittelgroß, gehackt)
- Stangensellerie (2, gehackt)
- Knoblauchzehen (2, gehackt)
- Tomatenmark (1 (400 g) Dose)
- Oregano (1/2 Teelöffel)
- Thymian (1/2 Teelöffel)
- Gemüsebrühe (1 (400 g) Dose)
- rote Bohnen (1 (800 g) Dose, abgetropft)

Zubereitung:

1. In einem Campingbackofen (Omnia) das Olivenöl bei mittlerer Hitze erhitzen.

2. Zwiebeln, Staudensellerie und Knoblauch unter Rühren anbraten, bis sie weich sind.

3. Tomatenmark, Oregano und Thymian einrühren. Brühe hinzufügen, umrühren und zum Kochen bringen.

4. Ungedeckt ca. 15 Minuten köcheln lassen oder bis die Mischung eindickt.

5. Rote Bohnen zugeben und kochen lassen, bis sie weich sind.

6. Über Reis servieren.

Camper Schmankerl

Vorbereitungszeit:	Kochzeit/Herstellung:	Portionen:
20 Minuten	ca. 30 Minuten	4

Zutaten:

- langkörniger brauner Reis (ca. 100 – 150 g)
- frische Pilze (ca. 20 g, in Scheiben geschnitten)
- Brokkoli (ca. 40 g, gehackt)
- Karotten (ca. 20 g, gehackt)
- rote Paprika (25 g, entkernt und gehackt)
- Zwiebel (ca. 10 g, fein gehackt)
- Salz (1 TL)
- Paprika (1 TL)
- Oregano (1 TL)
- Gemüsebrühe (600 ml)
- fettfreier Cheddar-Käse (ca. 30 g, geraspelt)

Zubereitung:

1. Fetten Sie Ihren Campingbackofen (Omnia) leicht mit Kochspray ein.

2. Mischen Sie Brokkoli, braunen Reis, Karotten, Champignons, Paprika, Salz, Zwiebel, Paprika, Oregano und Brühe.

3. Gut mischen und mit Folie abdecken. Backen, bis er durchgekocht ist (ca. 30 Minuten); nach der Hälfte der Backzeit umrühren.

4. Geben Sie den Käse obendrauf und lassen Sie ihn vor dem Servieren schmelzen.

Quinoa Reis Bowl

Vorbereitungszeit:	Kochzeit/Herstellung:	Portionen:
15 Minuten	ca. 20 - 30 Minuten	6

Zutaten:

- Olivenöl (2 Esslöffel)
- Zwiebel (1, gehackt)
- Karotten (2, fein gehackt)
- Paprika (1, gehackt)
- Knoblauchzehe (1, gehackt)
- getrocknetes Basilikum (1 Esslöffel)
- getrockneter Salbei (1 Teelöffel)
- brauner Reis (ca. 100 - 150 g)
- Gemüsebrühe (720 ml)
- Quinoa (180 g, ungekocht)

Zubereitung:

1. Erhitzen Sie das Olivenöl bei mittlerer Hitze in Ihrem Campingbackofen (Omnia). Kochen Sie die Zwiebel und die Karotte, bis sie weich sind (ca. 6 Minuten).

2. Knoblauch hinzufügen und eine weitere Minute kochen. Basilikum, Salbei und Reis hinzugeben.

3. Umrühren, um zu kombinieren. Brühe einrühren. Unter gelegentlichem Rühren zum Kochen bringen. Quinoa hinzufügen.

4. Den Deckel schließen und auf niedrige Hitze schalten.

5. Weiter köcheln lassen. Mit einer Gabel auflockern und servieren.

Pilz und Bohneneintopf

Vorbereitungszeit:	Kochzeit/Herstellung:	Portionen:
15 Minuten	ca. 20 Minuten	4

Zutaten:

- Olivenöl (2 Esslöffel)
- Weiße Champignons (450 g, in Scheiben)
- Zwiebeln (50 g, gehackt)
- Knoblauch (1 Teelöffel, gehackt)
- Getrockneter Thymian (3/4 Teelöffel)
- Gemüsebrühe (2 (400 g) Dosen)
- Gedünstete Tomaten (1 (400 g) Dose, gehackt)
- Trockener Weißwein (60 ml)
- Cannellini-Bohnen (850 g in Dosen)

Zubereitung:

1. Erhitzen Sie das Öl bei mittlerer Hitze in einem Campingbackofen (Omnia). Braten Sie die Pilze, die Zwiebel, den Thymian und den Knoblauch etwa 7 Minuten lang an.

2. Zum Kochen bringen, wenn Sie Gemüsebrühe, Wein und Tomaten hinzufügen. Zudecken und weitere 15 Minuten köcheln lassen.

3. In einer Schüssel mindestens 1 Tasse der Bohnen pürieren, bis sie eine geschmeidige Konsistenz haben; die pürierten Bohnen in den Eintopf geben.

4. Den Rest der Bohnen unterrühren, heiß werden lassen.

Quinoa Risotto

Vorbereitungszeit: 15 Minuten | **Kochzeit/Herstellung:** ca. 10 Minuten | **Portionen:** 4

Zutaten:

- Olivenöl (2 Esslöffel)
- Lauch (4 mittelgroße, gehackt)
- Knoblauchzehen (3, gehackt)
- Rote Paprika (1 mittelgroß, entkernt, fein gehackt)
- Gemüsebrühe (720 ml)
- Brauner Reis (125 – 150 g)
- Basilikum (1 Esslöffel, gehackt)
- Quinoa (180 g, gekocht)
- Italienische Petersilie (15 g, gehackt)
- Frischer Parmesankäse (ca. 20 g, gerieben)

Zubereitung:

1. In einem Campingbackofen (Omnia) Olivenöl bei mittlerer Hitze erhitzen und Lauch, Knoblauch und rote Paprika anbraten, bis sie weich sind.

2. Brühe zusammen mit dem Reis und Basilikum hinzugeben. Zugedeckt köcheln lassen, bis der Reis gar ist, dann die gekochte Quinoa hinzufügen und 10 Minuten lang umrühren.

3. Vom Herd nehmen und Petersilie und Parmesankäse unterheben.

Gemüse Kartoffel Omnia

Vorbereitungszeit: 10 Minuten | **Kochzeit/Herstellung:** ca. 1 Stunde | **Portionen:** 4

Zutaten:

- 1 kl. Glas Harissa
- 125 g getrocknete Kichererbsen
- 500 g Kartoffel (n)
- 3 Knoblauchzehe (n)
- 4 Möhre (n)
- 4 Paprikaschote (n), (rote und grüne)
- 4 Zucchini
- 2 Tomate (n)
- 3 EL Olivenöl
- Koriander
- 1 TL Kreuzkümmel
- Salz und Pfeffer
- 400 ml Gemüsebrühe
- Kurkuma und Zimt

Zubereitung:

1. Kichererbsen über Nacht einweichen. Kichererbsen abtropfen lassen, dann einige Minuten im Wasser kochen. Sie müssen gar sein. Kartoffeln und Knoblauch schälen sowie kleinschneiden. Gemüse waschen und kleinschneiden.

2. Das Öl in einem Campingbackofen (Omnia) erhitzen. Kartoffeln, Knoblauch und Zwiebeln darin andünsten. 1 EL Harissa und eine Prise der Gewürze zugeben. Alles unter Wenden 2 Min. dünsten. Brühe, Möhren, Paprika und Tomaten zugeben. Alles bei schwacher Hitze köcheln lassen.

3. Kichererbsen abtropfen lassen. Mit Zucchini in den Omnia geben. Alles bei schwacher Hitze weiterhin köcheln lassen.

4. Zum Schluss mit Salz und Pfeffer abschmecken. Restliches Harissa hinzugeben.

Zucchinilasagne

Vorbereitungszeit:	Kochzeit/Herstellung:	Portionen:
10 Minuten	ca. 1 Stunde	2 - 3

Zutaten:

- 140 g brauner Reis
- Lasagne Nudeln
- Olivenöl
- 1 Dose Tomatenwürfel
- 2 Zucchini, in dünne Streifen geschnitten
- Ca. 100 g geriebener Pecorino-Käse
- frisch gemahlener schwarzer Pfeffer

Zubereitung:

1. Heizen Sie den Campingbackofen (Omnia) vor.

2. Einen großen Topf mit Salzwasser zum Kochen bringen. Bereiten Sie die Nudeln gemäß den Anweisungen auf der Verpackung zu und kochen Sie sie al dente. Abtropfen lassen und abwaschen.

3. Den Campingbackofen mit Olivenöl beträufeln und die Zutaten wie folgt schichten.

4. Erste Schicht: ein Drittel der Tomaten, die Hälfte der Nudeln, die Hälfte der Ricotta, die Hälfte der Zucchini.

5. Zweite Schicht: ein Drittel der Tomaten, die Hälfte der Nudeln, die Hälfte der Ricotta, die Hälfte der Zucchini.

6. Verfeinern mit dem restlichen Drittel der Tomaten. Mit dem geriebenen Käse bestreuen und mit Olivenöl beträufeln.

7. 15 Minuten bedeckt backen. Backen Sie weitere 20 bis 30 Minuten, oder bis die Zucchini zart ist.

8. Vor dem Servieren 10 Minuten ruhen lassen. Mit frischem schwarzem Pfeffer würzen.

Marokkanisches Omnia

Vorbereitungszeit:	Kochzeit/Herstellung:	Portionen:
10 Minuten	ca. 30 - 40 Minuten	4

Zutaten:

- 1 Rote Zwiebel, gehackt
- Knoblauch, gehackt
- Olivenöl
- ½ TL gemahlener Kreuzkümmel
- ½ TL gemahlener Koriander
- ½ TL gemahlener Zimt
- 1 Paprika, entkernt und gehackt
- 1 Zucchini, gehackt
- 1 Aubergine, gehackt
- 4 Weinrebtomaten, gehackt
- 400 g Dose Kichererbsen, gewaschen und abgetropft
- 250 ml Gemüsebrühe
- 2 EL Harissa
- 4 Pflaumen, entkernt und in Scheiben geschnitten
- Petersilie, gehackt zum Servieren
- Gedünsteter Couscous zum Servieren (optional)

Zubereitung:

1. Zwiebel und Knoblauch 5 Minuten in Olivenöl im Campingbackofen (Omnia) anbraten. Fügen Sie die Gewürze hinzu und braten Sie sie eine Minute, bis sie das Duften anfangen.

2. Fügen Sie das Gemüse hinzu und braten Sie es 8-10 Minuten lang, bis die Gewürze aufgenommen wurden und anfangen etwas Farbe anzunehmen.

3. Fügen Sie die Kichererbsen, Brühe, Harissa und Pflaumen hinzu. Würzen und 15-20 Minuten köcheln lassen, bis das Gemüse weich ist.

4. Über die Petersilie streuen und mit Couscous servieren.

Cashew Spektakel

Vorbereitungszeit:	Kochzeit/Herstellung:	Portionen:
15 Minuten	ca. 1 Stunde	4

Zutaten:

- 100 g Zwiebeln
- 2 Knoblauchzehen
- 600 g Fenchelknollen
- 2 rote Paprikaschoten, (ca. 400 g)
- 300 g Möhren
- 1 Dose Kichererbsen, (400 g)
- 3 El Olivenöl
- 100 g Cashewkerne
- Salz, Pfeffer
- 2 Lorbeerblätter
- 1 El Raz el Hanout
- 1 Tl Piment d'Espelette
- Saft von 1 Zitrone
- 0.5 Bund glatte Petersilie
- Joghurt
- 300 g Bio-Salatgurke
- Salz, Pfeffer
- 3 El Olivenöl
- 500 g Naturjoghurt, (am besten griechischer Joghurt)

Zubereitung:

1. Zwiebeln in schmale Spalten schneiden, Knoblauch fein hacken. Fenchel waschen und längs in 8 Spalten schneiden. Paprika mit einem Sparschäler schälen, vierteln und die Kerne entfernen.

2. Paprika in mittelgroße Stücke schneiden. Möhren schälen, längs halbieren. Kichererbsen in ein Sieb geben, kalt abwaschen und gut abtropfen lassen.

3. Öl in einem Campingbackofen (Omnia) langsam erhitzen. Zwiebeln, Knoblauch, Fenchel, Paprika und Cashewkerne zugeben. Mit Salz und Pfeffer würzen und bei milder Hitze andünsten. Lorbeer, Raz el Hanout und Piment d'Espelette zugeben und kurz dünsten. Kichererbsen unterrühren.

4. Gemüse sternförmig mit Möhren belegen, Zitronensaft und 150 ml heißes Wasser zugießen. Omnia zudecken und im vorgeheizten Backofen sorgfältig garen.

5. Inzwischen für den Joghurt die Gurke waschen und ungeschält grob raspeln. Gurke, Salz, Pfeffer und Olivenöl mit dem Joghurt verrühren.

6. Petersilienblätter von den Stielen zupfen, waschen, trocken schleudern und grob schneiden. Sobald das Gemüse gar ist, wird das Gemüse mit Petersilie bestreuen. Mit dem Gurkenjoghurt servieren.

Tomaten Kichererbsen Omnia

Vorbereitungszeit: 15 Minuten | **Kochzeit/Herstellung:** ca. 15 Minuten | **Portionen:** 4 - 6

Zutaten:

- Olivenöl
- ½ TL gemahlener Kreuzkümmel
- ½ TL Paprika
- ½ TL gemahlener Ingwer
- 1 spanische Zwiebel, grob gehackt
- 1 Paprika, in Würfel schneiden
- 250 g Kürbis, in Würfel schneiden
- Eine Prise Safran, optional
- 5 Tomaten, grob gehackt
- 400 g Dose Tomaten
- 400 g Dose Kichererbsen

Zubereitung:

1. In einem Campingbackofen (Omnia) etwas Öl erhitzen, Kreuzkümmel, Paprika und Ingwer dazugeben und umrühren. Fügen Sie das Gemüse hinzu und braten Sie es 5 Minuten lang.

2. 250 ml Wasser, den Safran (falls verwendet), Tomaten und etwas Gewürz hinzufügen und zum Kochen bringen.

3. Abdecken und 10 Minuten kochen lassen, dann die Kichererbsen unterrühren und weitere 10 Minuten ohne Deckel kochen, bis das Gemüse weich ist.

Gefülltes Käsebrot

Vorbereitungszeit: 20 Minuten | **Kochzeit/Herstellung:** ca. 1 Stunde | **Portionen:** 2 - 4

Zutaten:

- 500 g Mehl
- 1 Esslöffel Salz
- 300 ml lauwarmes Wasser
- 1 Päckchen Hefe
- 2 Lauchstangen
- 200 g gewürfelter Speck oder Schinken
- Etwas Butter
- 200 g geriebener Käse (wie Gouda oder Emmentaler)
- 1 Ei
- Pfeffer

Zubereitung:

1. Mehl und Salz in eine Schüssel geben und in der Mitte eine Vertiefung eindrücken. Die Hefe zerbröckeln und einen Teil des Wassers hineingießen. Leicht umrühren und an einem warmen Ort etwa 15 Minuten gehen lassen.

2. Das restliche Wasser zugeben und zu einem glatten Teig kneten (am besten mit den Knethaken eines Handrührgeräts). Dann den Teig etwa 1 Stunde gehen lassen.

3. Den Lauch waschen und in Ringe schneiden. Den Speck in einer Pfanne knusprig braten, dann die Butter und die Lauchringe dazugeben und alles zusammen etwa 3 Minuten schmoren lassen.

4. Den Teig nochmals durchkneten und auf einer bemehlten Fläche zu einem Rechteck ausrollen.

5. Das Ei mit einer Gabel verquirlen und den Teig damit bestreichen. Etwa 150 g Käse und die Lauch-Speck-Mischung auf der Längsseite des Teigs verteilen und mit Pfeffer würzen.

6. Den Teig von der langen, gefüllten Seite her aufrollen und zu einem Ring formen. In die bemehlte Backform legen und die Enden fest zusammendrücken. Mit dem restlichen Ei bestreichen und mit Käse bestreuen.

7. Etwa 30 Minuten bei schwacher Hitze backen.

Tomatennudelauflauf

Vorbereitungszeit:	Kochzeit/Herstellung:	Portionen:
15 Minuten	ca. 30 Minuten	6

Zutaten:

- 500 g Nudeln
- 200 g Cocktail-, Pflaumen- oder Kirschtomaten
- 1 kleine Zwiebel
- 1 Becher saure Sahne
- 80 ml Milch
- 2 Eier
- 150 g geriebener Käse
- Muskatnuss, Salz, Pfeffer
- 50 g gewürfelter Schinken (optional)

Zubereitung:

1. Die Nudeln nach Packungsanweisung in Salzwasser zubereiten.

2. Die Tomaten waschen und der Länge nach halbieren (oder vierteln). Die Zwiebel schälen und in Würfel schneiden

3. Zwiebel und Schinken in etwas Butter oder Öl anbraten.

4. Die saure Sahne, die Milch und die Eier verrühren. Mit Muskatnuss, Salz und Pfeffer abschmecken.

5. Die Nudeln mit Tomaten, Zwiebeln und Schinken mischen und alles in die Omnia-Form geben. Dann alles mit der Soße bedecken und mit Käse bestreuen.

6. Den Deckel auflegen und den Auflauf bei niedriger Hitze etwa 30 Minuten backen.

ABENDESSEN

Omnia Chermoula Fisch

Vorbereitungszeit:	Kochzeit/Herstellung:	Portionen:
15 Minuten	ca. 30 - 50 Minuten	2 - 4

Zutaten:

- Olivenöl
- feste weiße Fischfilets 700g (wie Tilapia oder Heilbutt)
- Zwiebeln 2, in dünne Scheiben geschnitten
- Ingwer 3cm Stück, fein gehackt
- eine Prise Safran
- ½ Zitronenschale abwaschen und hacken
- 1 EL Tomatenpüree
- 350 ml Gemüsebrühe
- 250 g Kartoffeln, gekocht
- 10 Kirschtomaten
- Couscous und Harissa zum Servieren

Chermoula Marinade:

- 1 großes Bündel Koriander plus ein paar Blätter zum Servieren
- 2 TL heiß geräucherter Paprika

- 1 TL gemahlener Kreuzkümmel
- 1 TL gemahlener Koriander
- 2 Zitronen, entsaftet
- 2 Knoblauch Nelken

Zubereitung:

1. 3 EL Öl mit allen Chermoula-Zutaten und einer guten Prise Salz in einer Küchenmaschine verarbeiten.

2. Gießen Sie die Hälfte davon über den Fisch und lassen Sie ihn 30 Minuten bis 1 Stunde lang marinieren. Im Campingbackofen (Omnia) 1 EL Öl mit Zwiebeln und Ingwer erhitzen. Würzen und 10 Minuten braten, bis sie weich sind. Fügen Sie den Safran hinzu und braten Sie ihn für eine weitere Minute.

3. Fügen Sie dann die restliche Marinade, die gehackte konservierte Zitrone, das Tomatenmark und die Brühe hinzu. Zum Kochen bringen und köcheln lassen.

Tunesisches Omnia

Vorbereitungszeit:	Kochzeit/Herstellung:	Portionen:
15 Minuten	ca. 40 Minuten	4

Zutaten:

- 2 große Makrelenkoteletts
- 3 Scheiben Schalotte
- 3 frische Tomatenscheiben
- 3 Kartoffelscheiben
- 2 rote Paprika
- 1 Zitronenscheibe
- 2 Lorbeerblätter
- 6 Knoblauchzehen
- 2 EL Korianderwürfel
- 1 EL gemahlener Koriander
- 1 EL Kreuzkümmel
- 1 EL geräucherter Paprika
- ½ TL Kurkuma
- 10 Oliven
- 240 ml Fischbrühe
- 80 ml Olivenöl

<u>Für die Soße:</u>

- Ca. 20 g gemischter Koriander und Petersilie
- 1 Knoblauchzehe
- Kleines Stück Zitrone
- ½ Sardelle
- 10 Mandeln
- ½ TL Kreuzkümmel
- ½ TL Babykapern
- Olivenöl
- Salz und Pfeffer

Zubereitung:

1. Bereiten Sie den Omnia Backofen vor und fetten Sie ihn ggf. etwas ein. Fisch, Kartoffel und Tomate mit etwas Kreuzkümmel, Koriander, Salz und Pfeffer würzen und beiseite stellen.

2. Bei mittlerer Hitze in Ihrem Campingbackofen (Omnia) das Sofrito, Knoblauch und Lorbeerblatt in Olivenöl weich werden lassen. Dann die restlichen Gewürze dazugeben, mit Fischfond ablöschen.

3. Den Fisch und die restlichen Zutaten gut auf das Sofrito geben. Den Fisch darauf legen. Nun 240 ml Olivenöl, Salz und Pfeffer darüber geben und backen.

4. Für die Sauce Mandeln, Kräuter, Knoblauchzehen, Sardellen, Kapern sowie Zitrone in einen Mörser geben und alles zerkleinern und vermischen, bis eine Paste entsteht. Alternativ können Sie eine Küchenmaschine verwenden, um das Ganze fein zu mischen.

Anchovis-Leckerei

Vorbereitungszeit: 15 Minuten
Kochzeit/Herstellung: ca. 30 Minuten
Portionen: 4

Zutaten:

- Eine kleine Dose Anchovisfilets mit Saft
- 2 Zwiebeln
- 6 mittelgroße feste Kartoffeln, ca. ½ kg
- 200 ml einfache Sahne
- Esslöffel Semmelbrösel
- 2 Esslöffel Butter

Zubereitung:

1. Die Kartoffeln schälen und kochen; dies können Sie ruhig am Vortag machen. Zwiebel, in Scheiben schneiden und in einer Pfanne anbraten.
2. Die Kartoffeln in Scheiben (½ cm) oder in Streifen schneiden. Den Omnia gut einfetten.
3. Kartoffeln, Zwiebeln und Sardellen schichtweise einlegen. Beginnen und enden mit den Kartoffeln.
4. Die Sahne und den Sardellensaft darüber gießen.
5. Mit Semmelbröseln bestreuen und mit ein paar kleinen Butterflöckchen abschließen.
6. Mit dem Deckel abdecken und backen, bis die Oberfläche goldbraun ist und die Kartoffeln weich sind.

Meerrettich-Hack

Vorbereitungszeit: 15 Minuten
Kochzeit/Herstellung: ca. 10 - 20 Minuten
Portionen: 2 - 4

Zutaten:

- 500 g Hackfleisch
- 4 Esslöffel Semmelbrösel
- 80 ml Wasser
- mittlere Zwiebel
- Ei
- Salz und Pfeffer

Zubereitung:

1. Die Semmelbrösel einige Minuten im Wasser ziehen lassen. Zwiebel in Scheiben bzw. in Würfel schneiden.
2. Zwiebel, Hackfleisch, Ei und Semmelbrösel mischen und nach Geschmack würzen.
3. Den Omnia Campingbackofen (Omnia) einfetten und die Mischung gleichmäßig hineindrücken.
4. Mit dem Deckel des Backofens abdecken und einige Minuten lang backen.
5. Mit einer Soße nach Wahl (Pfifferling eignet sich gut) übergießen und frische Pfifferlinge oder Champignons dazugeben.
6. Einige Minuten auf dem Gaskocher stehen lassen.
7. Die Sauce kann auch separat serviert werden.

Fischpastete

Vorbereitungszeit:	Kochzeit/Herstellung:	Portionen:
15 Minuten	ca. 20 Minuten	2 - 4

Zutaten:

- 300 g Kabeljaufilet
- Kartoffelpüree
- 10 große Kartoffeln
- 50 g Butter
- 5-10 ml Doppelrahm
- 1 Eigelb
- Salz und Pfeffer zum Abschmecken

Garnierung:

- 100 g geschälte Shrimps
- Geriebener Käse (optional)
- Fein gehackter Dill

Zubereitung:

1. Die Kartoffeln schälen und kochen. Pürieren und das Eigelb, die Butter und die Sahne hinzufügen.

2. Nach Geschmack würzen. Die Schalotte schälen, fein hacken und mit dem Wein in einen Topf geben; aufkochen und auf die Hälfte einkochen lassen.

3. Die Sahne und die Brühe hinzufügen. Zum Kochen bringen köcheln lassen, mit etwas in Wasser angerührtem Kartoffelmehl binden. Den Dill dazugeben.

4. Den Omnia Campingbackofen (Omnia) einfetten. Die Kabeljaufilets auf das Aufbackgitter legen und würzen.

5. Gleichmäßig mit dem Kartoffelpüree bedecken, dabei das Kartoffelpüree mit der Sauce bedecken.

6. Mit dem Deckel und bei schwacher Hitze 15-20 Minuten backen lassen.

7. Legen Sie die Krabben darauf und bestreuen alles zusätzlich mit dem Käse wenn der Fisch fertig ist.

8. Weitere 4 Minuten backen. Vom Herd nehmen und mit dem fein gehackten Dill bestreuen. Heiß servieren.

Hackfleischpastete

Vorbereitungszeit:	Kochzeit/Herstellung:	Portionen:
15 Minuten	ca. 1 Stunde	2 - 4

Zutaten:

- Blätterteig
- 150 g Butter
- 40 g normales Mehl
- Salz nach Geschmack
- 1 Ei

Zubereitung:

1. Das Mehl und das Salz in eine Schüssel geben und die Butter hineinreiben, bis es die Konsistenz von Paniermehl hat - kühl stellen.

2. Das Ei hinzufügen und schnell unterrühren. Den Teig in eine Plastiktüte geben und für 30 Minuten an einen kühlen Ort stellen.

3. Den Teig gleichmäßig auf den Boden und den Rändern der gefetteten Omnia-Backform geben.

4. Mit dem Deckel des Ofens abdecken und für 5 bis 10 Minuten backen, je nach Dicke des Teigs.

5. Die Zwiebel schälen und würfeln. Zwiebel und Fleisch in Butter oder Öl leicht anbraten, bis sie braun sind.

6. Die zerkleinerten Tomaten, das Tomatenmark und das Wasser hinzufügen. So lange köcheln lassen, bis die Flüssigkeit fast vollständig verdampft ist.

7. Die Oliven hacken und vorsichtig mit dem vorbereiteten Hackfleisch vermischen. Feta-Krümel einrühren.

8. Die Mischung in den Teigmantel geben, mit dem Deckel abdecken und weitere 30 Minuten backen.

Schellfischfilets mit Reis

Vorbereitungszeit:	Kochzeit/Herstellung:	Portionen:
10 Minuten	ca. 25 Minuten	2 - 4

Zutaten:

- 2 Schellfischfilets
- Salz und Pfeffer
- ½ Knoblauchzehe
- 4 schwarze Oliven
- Schafskäse
- 15-20 ml Doppelrahm

Garnierung:

- Cocktail-Tomaten

Servieren mit:

- Gekochtem Reis

Zubereitung:

1. Den Campingbackofen (Omnia) einfetten und die Schellfischfilets hineinlegen. Nach Geschmack würzen.

2. Mit einer Knoblauchpresse den Knoblauch über den Fisch geben.

3. Die Oliven entkernen und hacken und über die gewürzten Filets verteilen.

4. Den Schafskäse reiben und gleichmäßig auf dem Fisch verteilen.

5. Die Sahne darüber gießen und mit halbierten Cocktailtomaten garnieren.

6. Mit dem Deckel abdecken und im Backofen 20 Minuten auf niedriger Hitze backen, bis der Fisch gar ist.

Calzone

Vorbereitungszeit:	Kochzeit/Herstellung:	Portionen:
20 Minuten	ca. 45 Minuten	2 - 4

Zutaten:

Teig:

- 25 g frische Hefe oder 8 g Trockenhefe
- 250 ml lauwarmes Wasser
- 400 g) glattes Mehl
- Teelöffel Salz

Servieren:

- Oliven, sonnengetrocknete Tomaten, geschnittene rote Zwiebeln, Artischockenherzen und Vinaigrette

Füllung:

- 400 g passierte und zerdrückte Tomaten
- 300 g in Streifen geschnittener gekochter Schinken
- 200 g in Scheiben geschnittene Champignons
- 350 g geriebener Käse
- Oregano
- Olivenöl

Zubereitung:

1. Die Hefe in ein wenig Wasser auflösen und 2 Esslöffel Mehl hinzufügen. Zu einem Teig verrühren, mit einem Tuch abdecken und an einem warmen Ort 30 Minuten gehen lassen.

2. Eine Vertiefung mit 60 g Mehl machen und die Hefemischung, das Salz und das restliche Wasser hineingeben. Vorsichtig unterheben und 10 Minuten kneten. Den Teig zu einer Wurst von etwa 60 cm lang formen, mit einem Tuch zugedeckt an einem warmen Ort 2 Stunden gehen lassen. Den Omnia-Campingbackofen einfetten. Den Teig zu einem Rechteck (60 x 40cm) ausrollen; bei Bedarf den Rest des Mehls verwenden.

3. Die passierte Tomatensauce auf dem Teig verteilen, dabei an einer Längsseite einen cm Rand lassen. Verteilen Sie den Schinken, Champignons, Käse und Oregano auf der Tomatensauce.

4. Den Rand mit Olivenöl bepinseln und von einer Längsseite zur anderen aufrollen, beginnend mit der Seite der Tomate und der Füllung. Die Enden mit einer Gabel zusammendrücken. Die Pizza in die gefettete Form legen, mit dem Deckel abdecken und 40 Minuten backen.

5. Die Pizza auf ein Schneidebrett stürzen und in passende Längen schneiden.

Kartoffel Gratin

Vorbereitungszeit:	Kochzeit/Herstellung:	Portionen:
15 Minuten	ca. 30 Minuten	2 - 4

Zutaten:

- 1 kg Kartoffeln
- 1 Fenchel
- 2 Knoblauchzehen
- 300 ml sahnige Milch oder Milch und Sahne gemischt
- Salz und Pfeffer
- 200 g Käse in kleine Stücke gebrochen
- Kräuter nach Geschmack, z. B. Thymian

Zubereitung:

1. Schälen Sie die Kartoffeln und schneiden Sie sie in dünne Scheiben. Fenchel waschen und in dünne Scheiben schneiden; den Knoblauch fein hacken.

2. Die Kartoffeln und den Fenchel in einen Topf geben und mit der cremigen Milch bedecken.

3. Einige Minuten leicht kochen lassen. Den Knoblauch dazugeben und abschmecken.

4. Den Campingbackofen (Omnia) einfetten. Den Topf vom Herd nehmen und den Käse und die Kräuter hinzufügen.

5. Die Mischung in den Behälter gießen; Die Sauce muss mäßig dick sein, bei Bedarf kann mehr Milch/Sahne hinzugegeben werden.

Gefüllte Kartoffeln

Vorbereitungszeit: 25 Minuten | **Kochzeit/Herstellung:** ca. 10 Minuten | **Portionen:** 2 - 4

Zutaten:

- 6 mittelgroße Kartoffeln

(1) Seehasenrogenfüllung:

- 200 g griechischer Joghurt
- ½ rote Zwiebel
- 3 Esslöffel Seehasenrogen

(2) Garnelenfüllung:

- 300 g natürlicher, fettarmer Joghurt
- 6 Teelöffel fettarme Mayonnaise
- 60 g geschälte Shrimps
- 6 Esslöffel gehackter Dill
- Salz und Pfeffer zum Abschmecken

(3) Lachsfüllung:

- 180 g Hüttenkäse
- 5 g fettarme Mayonnaise
- 180 g geräucherter Lachs, in Streifen geschnitten
- 90 g Lumpenfischrogen
- 5 g fein gehackte Zwiebel
- 6 Teelöffel fein gehackter Dill

Zubereitung:

1. Die Kartoffeln waschen und trocknen lassen. Die Füllungen vorsichtig mischen.
2. Den Campingbackofen (Omnia) mit Alufolie auslegen. Die Kartoffeln mit dem Deckel abdecken und 4 Minuten bei niedriger Hitze backen, bis sie weich sind.
3. Schneiden Sie noch heiß ein tiefes Kreuz in jede Kartoffel und mit der Füllung Ihrer Wahl befüllen.

Gorgonzola Lachs

Vorbereitungszeit: 10 Minuten | **Kochzeit/Herstellung:** ca. 15 Minuten | **Portionen:** 2 – 4

Zutaten:

- 2 Lachsfilets ohne Knochen, ohne Haut
- 1 Stück Gorgonzolakäse
- Ein Tropfen trockener Weißwein

Servieren:

- Brot und Salat

Zubereitung:

1. In jedes Lachsfilet einen tiefen Schnitt machen und mit Gorgonzola Käse füllen.
2. Den Campingbackofen (Omnia) einfetten und die Filets in den Boden der Form legen.
3. Ein wenig trockenen Weißwein darüber gießen.
4. Mit dem Deckel abdecken und 10 Minuten bei niedriger Hitze backen.
5. Der Lachs ist fertig, wenn der Käse geschmolzen ist.

Eierkuchen

Vorbereitungszeit: 15 Minuten | Kochzeit/Herstellung: ca. 40 Minuten | Portionen: 2 - 4

Zutaten:

- 5 Eier
- 400 g Doppelrahm
- Salz und Pfeffer
- Fein gehackte Kräuter nach Geschmack.

Zusätzliche Zutaten:

- Gekochte Kartoffeln, in dünne Scheiben geschnittene Sardellenfilets, gehackter Dill oder Schnittlauch
- 100 g in dünne Scheiben geschnittener Schinken, Speck oder Würstchen
- 10 g geriebener Käse

Zubereitung:

1. Fetten Sie den Campingbackofen (Omnia) ein.
2. Legen Sie die zusätzlichen Zutaten die Sie ausgewählt haben, in den Boden des Behälters.
3. Schlagen Sie die Eier auf. Die Sahne erwärmen und unter ständigem Schlagen zu den Eiern geben.
4. Die ausgewählten Kräuter hinzufügen und abschmecken.
5. Die Eimischung über die anderen Zutaten gießen, mit dem Deckel abdecken und backen, bis die Eimischung fest und goldbraun ist, ca. 30-35 Minuten.

Leckeres Curry

Vorbereitungszeit: 15 Minuten | Kochzeit/Herstellung: ca. 20 Minuten | Portionen: 2 - 4

Zutaten:

- 3-4 mittelgroße Kartoffeln
- Öl
- 200 g dünn geschnittener, geräucherter Speck
- Cashewnüsse oder Erdnüsse
- Currypulver (Stärke nach Belieben)
- Doppelrahm
- 1 Apfel
- 1 Banane
- Sultaninen

Zubereitung:

1. Die Kartoffeln waschen und in Scheiben schneiden (½ cm). Danach den Boden des Campingbackofens (Omnia) gut einfetten.
2. Mit Öl beträufeln, mit dem Deckel abdecken und auf niedrigster Stufe backen, so in etwa 10 Minuten. Den Speck in dünne Streifen schneiden und mit den Nüssen und dem Currypulver auf die Kartoffeln legen.
3. Nüsse und Currypulver auf die Kartoffeln legen, etwas Sahne dazugeben. Mit einem Deckel abdecken und weitere 10 Minuten auf dem Herd lassen.
4. Den Apfel und die Banane in kleine Stücke schneiden und mit den Sultaninen in den Backofen geben.
5. Noch ein wenig Curry und Sahne. Abdecken und noch einige Minuten kochen lassen.

DESSERTS

Sirupkuchen

Vorbereitungszeit:	Kochzeit/Herstellung:	Portionen:
15 Minuten	ca. 1 Stunde	1

Zutaten:

- 150 g Margarine
- 64 g Streuzucker
- 380 g selbstkochendes Mehl
- Eine Prise Salz
- 600ml goldener Sirup
- 450 ml kochendes Wasser

Zubereitung:

1. Den Campingbackofen (Omnia) einfetten.

2. Alle Zutaten in einer großen Schüssel zu einem glatten Teig verrühren (die Mischung wird ziemlich flüssig sein).

3. Die Mischung in die Omnia-Form geben und auf niedriger Hitze 40-50 Minuten backen, bis ein Spieß sauber herauskommt.

4. 10-15 Minuten abkühlen lassen und dann auf eine Schüssel oder Kuchenform stürzen.

5. Mit extra goldenem Sirup beträufeln und am besten mit Pudding oder Sahne servieren.

Kaffeekuchen

Vorbereitungszeit:	Kochzeit/Herstellung:	Portionen:
20 Minuten	ca. 1 Stunde	1

Zutaten:

- 225 g Pflanzenöl
- 125 g dunkelbrauner Zucker
- 100 g weißer Zucker
- 1 Teelöffel Backpulver
- 225 g glattes Mehl
- 2 Esslöffel Instant-Espresso, aufgelöst in 1 Esslöffel kochendem Wasser
- 4 Teelöffel Ei-Ersatz (oder 4 Eier)
- 10 Esslöffel Wasser

<u>Für die Glasur:</u>

- 250g Puderzucker
- 100 g vegane Butter oder Margarine (oder ungesalzene, gesalzene Butter)
- 1,5 Esslöffel Instant-Kaffee, in kochendem Wasser aufgelöst

Zubereitung:

1. Ihren Campingbackofen (Omnia) oder Backblech einfetten.

2. Braunen und weißen Zucker, Backpulver und glattes Mehl in einer Schüssel mischen.

3. Den Omnia auf niedriger Hitze vorheizen.

4. In der Mitte eine Vertiefung machen und das Pflanzenöl, den Espresso, den Ei-Ersatz (oder die Eier) und das Wasser hinzufügen und gründlich vermischen, bis ein glatter Teig entsteht.

5. Den Teig in die Omnia-Füllung geben und 60 Minuten lang backen oder wenn ein Spieß sauber herauskommt.

6. 10 Minuten abkühlen lassen und dann aus dem Omnia auf einen Teller oder eine Kuchenform stürzen und vollständig abkühlen lassen.

7. Während der Kuchen abkühlt, können Sie die Glasur zubereiten. Schlagen Sie den Puderzucker und die Butter schaumig, fügen Sie dann den aufgelösten Kaffeequirl hinzu und stellen Sie den Guss kühl, bis Sie ihn auf den Kuchen streichen können.

Leckere Scones

Vorbereitungszeit:	Kochzeit/Herstellung:	Portionen:
20 Minuten	ca. 15 Minuten	1

Zutaten:

- 40 g Streuzucker
- 75 g vegane Butter oder Margarine (oder ungesalzene Butter)
- 225 g selbstkochendes Mehl
- 50 g Rosinen oder Sultaninen
- 1 Teelöffel Ei-Ersatz + 1 Esslöffel Wasser (oder 1 Ei)
- 3-4 Esslöffel Milch

Zubereitung:

1. Mehl und Zucker in einer Schüssel mischen. Reiben Sie die Butter in die Mischung, bis sie krümelig aussieht.

2. Rosinen/Sultaninen, Ei-Ersatz und Wasser (oder Ei) sowie 3 Esslöffel Milch hinzufügen.

3. Kneten Sie den Teig zunächst mit einem Messer, dann mit den Händen. Der Teig sollte eher weich als klebrig sein. Wenn der Teig zu trocken erscheint, fügen Sie nach und nach mehr Milch hinzu.

4. Den Teig zu einer Kugel formen und auf eine bemehlte Arbeitsfläche geben.

5. Den Teig mit einem Nudelholz auf ca. 3-4 cm Dicke ausrollen.
6. Mit einem Teigausstecher so viele Plätzchen ausstechen, wie Sie können. Den Teig erneut durchkneten und den Vorgang wiederholen.

7. Legen Sie die Scones in den Campingbackofen (Omnia) oder ein Backblech und bestäuben Sie die Scones mit etwas Mehl.

8. 12-15 Minuten auf niedriger Hitze backen.

Apfel-Zimt Kuchen

Vorbereitungszeit:	Kochzeit/Herstellung:	Portionen:
20 Minuten	ca. 40 Minuten	1

Zutaten:

- 120 g vegane Butter oder Margarine (oder ungesalzene Butter)
- 120 g hellbrauner Zucker
- 1 Teelöffel Ei-Ersatz (oder 1 Ei)
- 230 g selbstbesaitetes Mehl
- 2 Teelöffel gemahlener Zimt
- 7-8 Esslöffel Sojamilch (oder Milch)
- 230 g Kochäpfel, geschält, entkernt und gewürfelt

- 2 Esslöffel brauner Zucker
- 50 g gehackte Walnüsse
- Puderzucker (optional zum Verzieren)

Zubereitung:

1. Campingbackofen (Omnia) oder Backblech einfetten.

2. Den Omnia-Backofen auf niedriger Hitze vorheizen.

3. Mehl und Zimt in einer Rührschüssel mischen. Die Butter hinzufügen und mit dem Mehl zu feinen Semmelbröseln verreiben.

4. Den hellbraunen Zucker einrühren, den Ei-Ersatz zusammen mit 1 Esslöffel Wasser (oder einem verquirlten Ei) und 7-8 Esslöffel Milch hinzufügen. Dies sollte einem dicken Teig ähneln.

5. Die Äpfel und die gehackten Walnüsse hinzugeben und vermengen.

6. In den Omnia geben, glatt streichen und den braunen Zucker darüber streuen.

7. Im Omnia 30-40 Minuten backen, bis ein Spieß sauber herauskommt. 15 Minuten abkühlen lassen und dann auf ein Drahtgitter stürzen.

8. Nach Belieben mit Puderzucker bestreuen, um den Kuchen zu dekorieren.

9. Am besten mit Pudding servieren.

Karottenkuchen

Vorbereitungszeit:	**Kochzeit/Herstellung:**	**Portionen:**
20 Minuten	**ca. 1 Stunde**	**1**

Zutaten:

- 230 ml Pflanzenöl
- 200 g normales Mehl
- 1 Teelöffel Natriumbikarbonat
- 280 g hellbrauner Zucker
- 3 Teelöffel Ei-Ersatz (oder 3 Eier)
- 8 Esslöffel Wasser
- 3 Teelöffel gemahlener Zimt
- 250 g geriebene Möhren
- 100 g gehackte Walnüsse (oder Pekannüsse)

Für den optionalen Belag:

- 150 g veganer Frischkäse (oder Frischkäse)
- 75 g Streuzucker
- 50 g vegane Butter (oder ungesalzene Butter)

Zubereitung:

1. Die Möhren raspeln und die Walnüsse klein hacken. Für den Belag 6-8 ganze Walnüsse/Pekannüsse übrig lassen.

2. Pflanzenöl, Mehl, Natron, Zucker, Ei-Ersatz und Wasser (oder Eier) sowie Zimt in eine Schüssel geben und vermischen.

3. Karotten und Walnüsse/Pekannüsse untermischen. Im Campingbackofen (Omnia) auf niedriger Hitze 50-60 Minuten backen.

4. In der Zwischenzeit den Frischkäse, den Zucker und die Butter in einer Schüssel verrühren. Verquirlen, bis alle Klumpen verschwunden sind, und abkühlen lassen.

5. Sobald der Kuchen gar ist und ein Spieß sauber herauskommt, aus der Omnia nehmen und abkühlen lassen.

6. Nach dem Abkühlen den Frischkäse mit einem Löffel auftragen und mit ganzen Walnüssen/Pekannüssen belegen.

Kirschkuchen

Vorbereitungszeit:	Kochzeit/Herstellung:	Portionen:
15 Minuten	ca. 45 Minuten	1

Zutaten:

- 125 g gemahlene Mandeln
- 125 g Polenta
- 1 Teelöffel Backpulver
- Eine Prise Salz
- 225 g ungesalzene Butter, erweicht
- 225 g Streuzucker, plus 50 g für den Sirup
- 3 Eier aus Freilandhaltung, verquirlt
- 2 Zitronen, Saft und Schale
- 75 g Kirschen, zerkleinert
- 2 Esslöffel gehackte Mandeln

Zubereitung:

1. Stellen Sie den Campingbackofen (Omnia) für 2 Minuten bei erhöhter Hitze auf den Gaskocher.

2. Setzen Sie den Deckel auf und stellen Sie den Ofen auf den Gaskocher.

3. Lassen Sie den Ofen eine Minute lang auf hoher Stufe stehen und schalten Sie dann die Hitze auf mittlere Stufe herunter.

4. Etwa 30 Minuten lang backen, bis der Teig aufgegangen und einigermaßen fest ist.

Zum Fertigstellen des Kuchens:

1. Den Zitronensaft und 50 g Streuzucker in einen kleinen Topf geben und erhitzen, bis sich der Zucker zu einem süßen Sirup auflöst.

2. Wenn der Kuchen aus dem Ofen kommt, stechen Sie ihn mit einem Spieß an und gießen Sie den Sirup über den Kuchen, damit er in die Löcher einzieht. Lassen Sie den Kuchen in der Form vollständig abkühlen.

Schoko Muffins

Vorbereitungszeit:	Kochzeit/Herstellung:	Portionen:
15 Minuten	ca. 25 Minuten	12

Zutaten:

- 75 g Streuzucker
- 150 ml Milch
- 100 ml Sonnenblumenöl
- 2 Eier aus Freilandhaltung
- 1 Teelöffel Vanilleextrakt
- 250 g glattes Mehl
- 1 Esslöffel Backpulver
- 1 Esslöffel gemahlener Kardamom
- 1 Teelöffel gemahlener Zimt
- 100 g schwarze Johannisbeeren
- 75 g Schokoladenstückchen

Zubereitung:

1. Das Gitter in den Campingbackofen (Omnia) legen und die Papier- (oder Silikon)-Kuchenformen darauf stellen.

2. Die Omnia-Heizplatte 2-3 Minuten lang bei starker Hitze auf den Gaskocher stellen.

3. Geben Sie den Teig in die Papierförmchen, setzen Sie den Deckel auf und stellen Sie den Ofen auf die heiße Heizplatte.

4. Eine Minute lang auf hoher Stufe belassen, dann die Hitze auf mittlere Stufe zurückschalten.

5. Etwa 20-25 Minuten backen, bis der Teig aufgegangen und hoffentlich golden ist.

Omnia Biskuit

Vorbereitungszeit:	Kochzeit/Herstellung:	Portionen:
15 Minuten	ca. 40 Minuten	1

Zutaten:

- 175 g weiche, ungesalzene Butter
- 175 g goldener Streuzucker
- 3 Eier aus Freilandhaltung, verquirlt
- 1 Teelöffel Vanilleextrakt
- 170 g glattes Mehl
- 2 Teelöffel leicht gehäuftes Backpulver
- Himbeermarmelade zum Füllen
- Puderzucker zum Bestäuben

Zubereitung:

1. Den Campingbackofen (Omnia) für 2 Minuten bei erhöhter Hitze auf den Gaskocher stellen.

2. Den Teig mit einem Löffel in die gefettete Form geben und mit dem Löffelrücken glattstreichen, den Deckel aufsetzen und den Ofen auf die nun heiße Heizplatte stellen.

3. Eine Minute lang bei starker Hitze belassen, dann die Hitze auf etwa mittlere Stufe herunterschalten.

4. Etwa 20-30 Minuten backen und mit einem Spieß oder einer Kuchenprobe prüfen, ob der Teig fertig ist.

5. Etwa 10 Minuten in der Form abkühlen lassen, bis er sich gut handhaben lässt.

6. Auf einen Teller stürzen und auf einem Kuchengitter vollständig abkühlen lassen.

Füllung:

1. Sobald der Kuchen abgekühlt ist, schneiden Sie ihn mit einem scharfen Messer in zwei Hälften, so dass zwei Biskuitringe entstehen.

2. Entscheiden Sie, welches Stück Sie als Oberseite verwenden möchten, und geben Sie die Himbeermarmelade mit einem Löffel auf die Unterseite.

3. Setzen Sie den oberen Ring wieder auf und bestreuen Sie ihn großzügig mit Puderzucker.

4. In Scheiben geschnitten servieren. In einem luftdichten Behälter aufbewahren.

Bananen-Schokokuchen

Vorbereitungszeit:	Kochzeit/Herstellung:	Portionen:
15 Minuten	ca. 25 Minuten	1

Zutaten:

- 150 ml Milch
- 1 Esslöffel Zitronensaft
- 75 ml Sonnenblumenöl
- 2 Eier aus Freilandhaltung
- 1/2 Teelöffel Vanilleextrakt
- 2 reife Bananen, püriert
- 125 g Streuzucker
- 225 g selbstkochendes Mehl (oder normales Mehl mit 1 TL Backpulver gemischt)
- 75 g Dinkelmehl oder Vollkornmehl
- 1 Teelöffel Natriumbikarbonat
- 1/2 Teelöffel gemahlener Zimt
- 100 g Milchschokolade, gehackt

Zubereitung:

1. Stellen Sie den Campingbackofen (Omnia) für 2-3 Minuten bei erhöhter Hitze auf den Gaskocher.
2. Den Teig in die gefettete Form geben, den Deckel aufsetzen und den Ofen auf die nun heiße Heizplatte stellen.
3. Eine Minute lang auf hoher Stufe belassen, dann die Hitze auf mittlere Stufe herunterschalten.
4. Etwa 20-25 Minuten backen und mit einem Spieß oder einer Kuchenprobe prüfen, ob der Teig fertig ist.
5. Etwa 10 Minuten in der Pfanne abkühlen lassen, bis er sich gut handhaben lässt.
6. Auf einen Teller stürzen und auf einem Kuchengitter vollständig abkühlen lassen.
7. Servieren Sie den Kuchen in dicken Scheiben, am besten am Tag des Backens, aber er hält sich in einem luftdichten Behälter ein oder zwei Tage lang.
8. Dieser Kuchen lässt sich auch gut einfrieren, einfach in Scheiben schneiden und eintüten, oder ganz lassen, wenn Sie es vorziehen.

Bananenkuchen

Vorbereitungszeit:	Kochzeit/Herstellung:	Portionen:
10 Minuten	ca. 40 Minuten	1

Zutaten:

- 50 g Butter
- 3 Eier
- 230 g Zucker
- 2 Teelöffel Kakaopulver
- 1 ½ Teelöffel Backpulver
- 70 ml Milch
- Saft einer Zitrone oder Limette
- 30 g glattes Mehl
- 3 Bananen

Servieren:

- Schlagsahne

Zubereitung:

1. Den Campingbackofen (Omnia) einfetten. Die Butter schmelzen und abkühlen lassen.

2. Die Eier und den Zucker schaumig schlagen. Kakao, Backpulver, Milch, Butter und Limetten-/Zitronensaft dazugeben.

3. Das Mehl unterheben und die Bananen zerdrücken sowie unterrühren.

4. Die Masse in die Omnia-Form füllen.

5. Mit dem Deckel abdecken und bei niedriger Hitze 30 Minuten lang backen.

Käsekuchen

Vorbereitungszeit:	Kochzeit/Herstellung:	Portionen:
15 Minuten	ca. 50 Minuten	1

Zutaten:

Teig:

- 115 g Butter
- 70 g Zucker
- 1 Esslöffel Wasser
- 400 g Haferflocken
- 200 g glattes Mehl

Garnierung:

- Frische süße Beeren oder konservierte Früchte

Füllung:

- 300 g Grünkäse, Naturjoghurt, Kefir oder Hüttenkäse
- 4 Esslöffel Zucker
- 3 Eier
- Geriebene Zitronenschale von 2 Zitronen

Zubereitung:

1. Wenn Sie Joghurt oder Kefir verwenden, lassen Sie ihn in einem feinen Sieb für über 3 Stunden.

2. Den Campingbackofen (Omnia) einfetten und mit Paniermehl bestreuen.

3. Die Butter mit dem Zucker und dem Wasser in einem Kochtopf schmelzen.

4. Vom Herd nehmen und die Haferflocken und das Mehl gründlich untermischen.

5. Die Mischung in die Kastenform füllen. Mit dem Deckel abdecken und für 10 Minuten auf niedriger Hitze backen.

6. Die Füllung anrühren und auf den Teig geben. Mit dem Deckel abdecken und wieder 25-30 Minuten backen, bis die Füllung fest geworden ist.

7. Abkühlen lassen.

8. Die Garnierung hinzufügen.

Apfelkuchen #1

Vorbereitungszeit:	Kochzeit/Herstellung:	Portionen:
15 Minuten	ca. 35 Minuten	1

Zutaten:

- 1 Packung Rührteig
- 3 - 4 Kochäpfel
- Zimt
- Zucker

Servieren:

- Vanillepudding

Zubereitung:

1. Den Omnia-Campingbackofen einfetten und mit Semmelbröseln bestreuen.
2. Den Anweisungen des Herstellers folgen und den Teig in den Behälter füllen.
3. Die Äpfel schälen, entkernen und in Scheiben schneiden und die Stücke in die Biskuitmasse drücken.
4. Mit Zimt und Zucker nach Geschmack bestreuen. Mit dem Deckel abdecken und bei sehr geringer Hitze backen.
5. Vor dem Servieren abkühlen lassen.

Apfelkuchen #2

Vorbereitungszeit:	Kochzeit/Herstellung:	Portionen:
15 Minuten	ca. 40 Minuten	1

Zutaten:

Teig:

- 200 g Margarine oder Butter
- 4 cl Mehl
- Esslöffel Wasser

Füllung:

- 5 Äpfel
- 4 - 5 Esslöffel Zucker
- ½ Teelöffel Zimt
- 1 ½ Esslöffel Margarine oder Butter
- 2½ Esslöffel Sherry
- 2½ Esslöffel Zitronensaft oder Wasser
- 1 Ei

Servieren:

- Vanillepudding

Zubereitung:

1. Die Butter mit dem Mehl verreiben, das Wasser hinzufügen und einen Teig herstellen.
2. Den Teig in einer Plastiktüte an einen kühlen Ort legen und für eine 1 Stunde ruhen lassen. Den Campingbackofen (Omnia) einfetten.

3. Die Äpfel schälen, entkernen und in Scheiben schneiden. Die Äpfel auf das Aufbackgitter legen und mit Zucker und Zimt bestreuen.

4. Kleine Stückchen Butter/Margarine hinzufügen und mit Sherry, Zitronensaft oder Wasser übergießen.

5. Den Teig auf einem mit Mehl bestäubten Schneidebrett ausrollen.

6. Den Deckel des Campingbackofens als Schablone für den Kuchen verwenden.

7. Den Teigdeckel auf die Apfelfüllung legen und mit dem verquirltem Ei bestreichen.

8. Den Deckel an einigen Stellen mit einer Gabel einstechen, damit der Dampf entweichen kann.

9. Den Deckel auflegen und sofort bei niedriger Hitze backen, bis der Teig goldbraun ist, 40-45 Minuten,

10. Vor dem Servieren abkühlen lassen.

Fluffiger Biskuitkuchen

Vorbereitungszeit:	Kochzeit/Herstellung:	Portionen:
15 Minuten	ca. 35 Minuten	1

Zutaten:

- 50 g Butter
- 150 ml Milch
- 2 Eier
- 300 g Zucker
- 250 g glattes Mehl
- 2 Teelöffel Backpulver
- 150 g fein gehackte Walnüsse

Servieren:

- Vanillepudding

Zubereitung:

1. Den Campingbackofen (Omnia) einfetten und mit Semmelbröseln bestreuen.

2. Schmelzen Sie die Butter und geben die Milch dazu. Danach die Eier und den Zucker schaumig schlagen und die Milchmischung dazugeben.

3. Mehl, Backpulver und Walnüsse mischen und unter die Milch-Eier-Mischung heben.

4. Die Mischung in die Form geben, mit dem Deckel abdecken und im Ofen goldbraun 30 Minuten backen.

SNACKS

Feine Maronen

Vorbereitungszeit:	Kochzeit/Herstellung:	Portionen:
5 Minuten	ca. 40 Minuten	4

Zutaten:

- 300-400 g Esskastanien
- 1 Muskatblüte (Macis)
- 2 EL brauner Zucker
- ½ El Meersalz (grobes)
- 1 Tl Orangenschale (fein abgerieben)
- Salz & Pfeffer

Zubereitung:

1. Zunächst bereiten Sie die Zutaten vor und ritzen die Maronen mit einem Messer kreuzweise ein (in etwa 2 cm lange Einschnitte)

2. Danach die Zimtblüten mit Macis im Mörser zerreiben, mit Zucker mischen. Salz mit Orangenschale im Mörser zerreiben.

3. Jetzt die Maronen in die Form geben und für ca. 40 Minuten auf niedriger Stufe backen und mit dem Gewürzzucker oder Orangensalz bestreut als Snack servieren.

Lebkuchen

Vorbereitungszeit:	Kochzeit/Herstellung:	Portionen:
10 Minuten	ca. 45 Minuten	12

Zutaten:

- Ca. 250 g Weizenmehl
- 4 Eier
- 1 1/2 EL Zimt
- 1 TL gemahlene Nelken
- 1 TL gemahlener Ingwer
- 1 TL Kardamom
- Ca. 270 g Zucker
- 2 TL Backpulver
- 100 g Butter
- 100 ml Milch
- Optional: Butter und Semmelbrösel für die Form

1. Den Campingbackofen (Omnia) vorbereiten und ggf. einfetten sowie mit Semmelbrösel rings um die Form bestreuen. Verquirlen Sie anschließend den Zucker und die Eier schaumig. Danach die trockenen Zutaten in einer anderen Schüssel mischen

2. Geben Sie nun die Milch hinzu und lassen die Butter schmelzen. Vermischen Sie jetzt die Hälfte der Milch und Butter Mischung mit der Hälfte der trockenen Zutaten. Im Anschluss den übriggebliebenen Rest der trockenen Zutaten und der Milch-Butter Mischung hinzugeben sowie kräftig alles miteinander verrühren, bis ein elastischer Teig entsteht.

3. Geben Sie nun den Teig in Ihren Campingbackofen (Omnia) und backen für ca. 40 Minuten bei schwacher Hitze.

4. Servieren Sie mit Belägen nach Wahl wie z.B. Nüsse, Trockenfrüchte oder Zuckerguss.

Hüttenkäse Küchle

Vorbereitungszeit:	Kochzeit/Herstellung:	Portionen:
5 Minuten	ca. 10 Minuten	3

Zutaten:

- 100 g Hüttenkäse
- 5 g Butter
- 7,5 g Mandelmehl
- 1 Ei
- 1,5 TL Zucker
- 1 Msp. gemahlene Vanille
- ½ TL Backpulver

Zubereitung:

1. Den Campingbackofen (Omnia) und die Muffinformen vorbereiten (Silikon Muffinform) und bestenfalls etwas mit etwas Butter einfetten.

2. Verrühren Sie zunächst Butter, Vanille, Zucker und Eier miteinander sowie das Mandelmehl mit dem Backpulver. Geben Sie danach den Hüttenkäse zur Mischung dazu.

3. Nun den Teig sorgfältig in die Förmchen geben und für ca. 45 Minuten auf niedriger Hitze goldbraun backen.

4. Servieren und nach Belieben verfeinern.

Brotpudding

Vorbereitungszeit:	Kochzeit/Herstellung:	Portionen:
10 Minuten	ca. 30 Minuten	1

Zutaten:

- 60 g altes Weißbrot
- 2 Eier
- 100 g Sahne
- 60–100 g Milch
- 50 g Zucker

Zubereitung:

1. Den Campingbackofen (Omnia) etwas mit etwas Butter einfetten.

2. Zuerst das Weißbrot in Scheiben schneiden und in die Form geben sowie die Milch über das Brot gießen und für ca. 20 – 30 Minuten aufsaugen lassen.

3. Nun können Sahne, Eier und Zucker vermischt und auch über das Brot gegossen werden.

4. Den feinen Brotpudding für weniger als 5 Minuten bei hoher und für ca. 30 Minuten bei niedriger Hitze backen.

Feigen mit feinem Käse

Vorbereitungszeit:	Kochzeit/Herstellung:	Portionen:
10 Minuten	ca. 20 Minuten	2

Zutaten:

- 10 Scheiben Ziegenkäse
- 10 Feigen
- Thymian

Zubereitung:

1. Den Campingbackofen (Omnia) etwas mit etwas Butter einfetten.

2. Schneiden Sie die Feigen kreuzförmig bis zur Hälfte ein, vierteln die Käsescheiben und verteilen diese in den Feigen.

3. Nun einfach die Feigen in den Campingbackofen (Omnia) legen und etwas Thymian darüberstreuen sowie für ca. 10 Minuten auf hoher Hitze backen.

BROTE

Brotvariante #1

Vorbereitungszeit: 15 Minuten
Kochzeit/Herstellung: ca. 45 Minuten
Portionen: 1

Zutaten:

- 650 g Roggenmehl oder gesiebtes Roggen- und Weizenmehl
- 350 g glattes Mehl
- 1 Teelöffel Salz
- 2 ½ gestrichene Teelöffel Natriumbikarbonat
- 2 ½ Esslöffel Kümmelpulver oder Esslöffel zerkleinerter Kümmel oder 10 g entkernte Rosinen
- 2-4 Esslöffel Melassesirup oder dunkler Sirup
- 500 ml Sauermilch oder Lagerbier + Esslöffel Öl

Zubereitung:

1. Den Campingbackofen (Omnia) einfetten und großzügig mit Semmelbröseln bestreuen.

2. Die trockenen Zutaten in einer großen Schüssel mischen. Sirup, Sauermilch/Lager und Öl hinzugeben.

3. Milch und Öl. Mit einem Holzlöffel kräftig durchkneten, bis ein Teig entsteht. Den Teig in die Kastenform geben und mit einem nassen Spatel gleichmäßig verteilen.

4. Mit dem Deckel abdecken und sofort bei niedriger Hitze 40 Minuten backen. Mit einem Spieß prüfen, ob das Brot fertig ist

Klassische Brotvariante #2

Vorbereitungszeit: 20 Minuten
Kochzeit/Herstellung: ca. 1 Stunde
Portionen: 1

Zutaten:

- 250 ml Wasser
- 1 Esslöffel Öl
- eine Prise Salz
- Esslöffel Honig oder Zucker
- 30 g Trockenhefe
- 1 Liter glattes Mehl (oder eine Mehlmischung Ihrer Wahl)

Für den Campingbackofen:

- Öl und Semmelbrösel oder Weizenkleie

Zubereitung:

1. Das Wasser erwärmen (45°C). Öl hinzufügen. Salz und Honig oder Zucker hinzufügen und verrühren.

2. Die Hefe und die Hälfte des Mehls hinzufügen und gründlich vermischen. Das restliche Mehl nach und nach zugeben und gründlich einarbeiten, bis Sie einen guten Teig haben.

3. Mit einem Tuch abdecken und 30 Minuten gehen lassen. Den Campingbackofen (Omnia) einfetten und mit Semmelbrösel bestreuen. Den Teig erneut kneten und zu einer „Wurst“ formen die in die Halterung passt.

4. Den Teig in die Halterung legen und unter dem Deckel weitere 30 Minuten gehen lassen. Mit dem Deckel und auf niedrigster Stufe backen, bis der Teig hart wird.

Brotvariante #3

Vorbereitungszeit:	Kochzeit/Herstellung:	Portionen:
20 Minuten	ca. 25 Minuten	1

Zutaten:

- 30 g Trockenhefe
- 900 g glattes Mehl
- 1 Teelöffel Salz
- 300 ml Wasser
- 2 Esslöffel Öl oder geschmolzene Butter

Zubereitung:

1. Den Omnia-Campingbackofen einfetten. Die Hefe, das Mehl und das Salz mischen.
2. Das Wasser erwärmen (4°C) und zusammen mit dem Öl und der Butter zur Mehlmischung geben.
3. Kneten, bis ein guter Teig entsteht. Eine Wurst formen, damit diese in die Halterung passt
4. Den Teig in die Halterung legen und 20 Minuten gehen lassen. Mit dem Deckel abdecken und auf niedrigster Stufe backen, bis der Teig hart ist.
5. Achten Sie darauf, dass die Hitze nicht zu hoch ist.

Brotvariante #4

Vorbereitungszeit:	Kochzeit/Herstellung:	Portionen:
20 Minuten	ca. 45 Minuten	1

Zutaten:

- 500 g gesiebtes Roggenmehl
- 250 g glattes Mehl
- 1 Teelöffel Salz
- 2 Teelöffel Natriumbikarbonat
- 3 Teelöffel Brotgewürz oder Kümmel
- 330 ml Sauermilch
- 1 Esslöffel Öl
- 1 Esslöffel Honig

Zubereitung:

1. Den Campingbackofen (Omnia) einfetten. Mischen Sie die trockenen Zutaten in einer großen Schüssel. Sauermilch, Öl und Honig hinzufügen. Zu einem Teig verrühren
2. Den Teig stückchenweise in den Halter geben und in die Form drücken.
3. Mit dem Deckel abdecken und auf niedrigster Stufe backen, bis der Teig hart ist.
4. Achten Sie darauf, dass die Hitze nicht zu hoch ist, testen Sie mit einem Spieß, etwa 40 Minuten. Sie können den Laib nach der Hälfte der Zeit wenden.

SAUCEN

Rauchige Guacamole

Vorbereitungszeit:	Kochzeit/Herstellung:	Portionen:
10 Minuten	-	1

Zutaten:

- 2 reife Avocados, halbiert und entkernt
- 2 TL. Pflanzenöl
- 3 EL. frischer Limettensaft
- 1 Knoblauchzehe, zerkleinert
- 1/2 TL. gemahlener Chipotle Chile
- Ca. 10 g fein gehackte rote Zwiebel
- Ca. 5 g fein gehackter frischer Koriander
- Tortilla Chips zum Servieren

Zubereitung:

1. Grill auf mittlere Stufe erhitzen. Die geschnittenen Seiten der Avocados mit Öl bestreichen. 2 bis 4 Minuten grillen oder bis Grillspuren auftreten.
2. Avocados auf Schneidebrett geben; leicht abkühlen lassen. Avocados aus der Schale nehmen.
3. Mit Limettensaft, Knoblauch, Chipotle und 1/2 Teelöffel Salz pürieren, bis sie geschmeidig sind.
4. Rote Zwiebel und Koriander einrühren. In eine Schüssel geben. Bedeckt ca. 1 Stunde kalt stellen.
5. Mit Tortillachips servieren.

Hausgemachte BBQ Sauce

Vorbereitungszeit:	Kochzeit/Herstellung:	Portionen:
5 Minuten	10 Minuten	8

Zutaten:

- Ca. 450 g Ketchup
- 120 ml Apfelessig
- Ca. 55 g verpackter brauner Zucker
- 2 Esslöffel Honig
- 1 Esslöffel Worcestershire-Sauce oder Kokos-Aminosäuren
- 1 Esslöffel Zitronensaft
- 1 Teelöffel Stone House Seasoning
- 1/4 Teelöffel scharfe Sauce optional

Zubereitung:

1. Alle Zutaten in einem mittelgroßen Topf bei mittlerer Hitze verquirlen. Lassen Sie es etwas stehen und reduzieren Sie dann die Hitze auf niedrig. Etwa 10 Minuten köcheln lassen, bis es eingedickt ist.
2. Sofort servieren oder etwas abkühlen lassen und bis zu einer Woche in einem luftdichten Behälter im Kühlschrank aufbewahren.

Einfache Salsa

Vorbereitungszeit: 10 Minuten | **Kochzeit/Herstellung:** 10 Minuten | **Portionen:** 4

Zutaten:

- 4 große Tomaten, gehackt
- 1 Zwiebel, gehackt
- 10 g gehackter frischer Koriander
- 3 Knoblauchzehen, gehackt
- 1 Esslöffel Limettensaft
- 1 Tomatillo, gewürfelt
- Salz nach Geschmack
- 1 Jalapeño, gehackt

Zubereitung:

1. Kombinieren Sie in einer mittelgroßen Rührschüssel Tomaten, Zwiebeln, Koriander, Knoblauch, Limettensaft, Tomatillo und Salz nach Geschmack. Gut mischen.
2. Fügen Sie die Hälfte der Jalapeño hinzu und probieren Sie. Wenn Sie Ihre Salsa mit mehr Kick wünschen, fügen Sie den restlichen 1/2 Jalapeño hinzu.
3. Wenn Sie mit der Schärfe der Salsa zufrieden sind, fügen Sie den restlichen Jalapeño nicht hinzu.
4. Decken Sie die Salsa ab und kühlen Sie sie bis zum Servieren.

Dallas BBQ Sauce

Vorbereitungszeit: 5 Minuten | **Kochzeit/Herstellung:** 15 Minuten | **Portionen:** 4

Zutaten:

- Ca. 335 g Ketchup
- 3 Esslöffel Apfelessig
- 2 Esslöffel Worcestershire-Sauce
- Ca. 55 g brauner Zucker
- 1 Teelöffel Paprika
- 1/4 Teelöffel Cayennepfeffer
- 1 Teelöffel Knoblauchpulver
- 2 Teelöffel Zwiebelpulver
- 1 Teelöffel Gewürzsalz
- 3 Esslöffel Melasse
- 2 Teelöffel Senf

Zubereitung:

1. Alle Zutaten in einer mittelgroßen Soßenpfanne verquirlen.
2. Zum Kochen bringen, dann zum Kochen bringen und 15 Minuten kochen lassen.
3. Die Sauce kann sofort serviert werden. Wenn Sie jedoch etwas mehr Zeit haben, decken Sie sie ab und kühlen Sie sie mindestens 1 Stunde lang, um den besten Geschmack zu erzielen.

Essig Honig Sauce

Vorbereitungszeit:	Kochzeit/Herstellung:	Portionen:
5 Minuten	-	2

Zutaten:

- 300 ml Balsamico-Essig
- 120 ml Wasser
- 85 g Honig
- 60 ml Speiseöl
- 1 Esslöffel italienische Gewürze
- 1 Teelöffel Salz
- 1 Teelöffel weißer Pfeffer

Zubereitung:

1. Geben Sie die Zutaten in eine mittelgroße Schüssel und verquirlen Sie sie.
2. Sofort verwenden oder im Kühlschrank bis zu 10 Tage aufbewahren

Zitronen Thymian Sauce

Vorbereitungszeit:	Kochzeit/Herstellung:	Portionen:
5 Minuten	-	2

Zutaten:

- 240 ml natriumarme Hühnerbrühe
- 120 ml frisch gepresster Zitronensaft
- 60 ml Speiseöl
- 60 ml Wasser
- 1 Esslöffel fein gehackter frischer Schnittlauch
- 1 Esslöffel frischer Thymian
- 1 Esslöffel fein gehackter Knoblauch

Zubereitung:

1. Geben Sie die Zutaten in eine mittelgroße Schüssel und verquirlen Sie sie, bis sie sich vermischt haben.
2. Sofort verwenden oder gekühlt bis zu 10 Tage aufbewahren.

Mirin und Sojasauce

Vorbereitungszeit:	Kochzeit/Herstellung:	Portionen:
5 Minuten	-	2

Zutaten:

- 180 ml Wasser
- 120 ml Mirin
- 120 ml Sojasauce
- 60 ml Sesamöl
- 1 Esslöffel Knoblauchpulver
- 1 Esslöffel gemahlener und geriebener frischer Ingwer

Zubereitung:

1. Geben Sie die Zutaten in eine mittelgroße Schüssel und verquirlen Sie sie.
2. Sofort verwenden oder im Kühlschrank bis zu 10 Tage aufbewahren

Abschließende Worte

Der Omnia ist die perfekte Alternative zu einem kompletten Backofen in Ihrem Wohnmobil. Er ist ein Donut-förmiger Herd, mit dem Sie alle Ihre Lieblingsgerichte aus dem Ofen auf nur einer Kochstelle zubereiten können.

Das clevere Design gibt sowohl Ober- als auch Unterhitze ab und sorgt so für erstaunliche ofenähnliche Ergebnisse. Der Omnia kann auf jeder Art von Innen- oder Außenherd verwendet werden - und funktioniert sogar auf Grills.

Er ist besonders nützlich für das Kochen in einer kleinen Wohnmobilküche

In diesem Sinne wünsche ich Ihnen viel Spaß bei der Zubereitung der vielen Rezepte.

Kleine Erinnerung

„Wahrlich, ich sage euch, wenn ihr nicht umkehrt und werdet wie die Kinder, so werdet ihr nicht in das Reich der Himmel eingehen“ (Matthäus 18:3)

„Jesus spricht zu ihm: Ich bin der Weg und die Wahrheit und das Leben; niemand kommt zum Vater als nur durch mich!“ (Johannes 14:6)

ÜBER DEN AUTOR

Autor: Ella Larsson 2021

Kontakt: Christian Ehrnsperger, Erik-Geiershoefer Str.1, 90584 Allersberg
Covergestaltung: Christian Ehrnsperger

Printed in Poland
by Amazon Fulfillment
Poland Sp. z o.o., Wrocław

84878108R00045